WORDS of EKIKYŌ
Life Gets Better

人生が好転する『易経』の言葉

小椋浩一
Kouichi Oguura

日本実業出版社

人生が好転する『易経』の言葉

小椋浩一

なぜ『易経』の言葉で人生が好転するのか

われわれの毎日は、決断の連続です。

一説には、人は一日に最大三万五千回の決断をしているとのこと。
そうした一つひとつの決断の質が良くなれば、人生は確実に好転します。
さらに未来を予測できたら……。

そうした切実な想いを実現すべく、先人たちは、驚くべき根気と努力と情熱で、この世界を『易経』にまとめていきました。
『易経』のすごいところは、未来を予測するため、変化のパターンとその兆しをとらえて、この世のすべてを整理しようとした点です。

『易経』に「結縄《けつじょう》」という記述があります。

古代の人びとは、縄の結び方で記録を残し、意思を通じ合っていたようです。

さらに、亀の甲羅や鹿の骨を焼いて占う未来予測も広まり、白黒の勾玉《まがたま》を組み合わせたような「陰陽記号」などの形で石などに刻み込まれ、体系化も進んでいきました。

その後、竹簡《ちくかん》や紙が発明されて「本」の形で持ち運べるようになると、記号だけでは伝わりづらかった部分に、文字による解説も加えられていきました。

古代の人々はまず、決断に必要な要素を、陰と陽で整理しました。

たとえば、時間。一日の夜と昼を、陰と陽に分けました。

さらに陰と陽を重ねて、「陰陰」「陰陽」「陽陽」「陽陰」の四つに分類し、夜と昼だけでなく、そのあいだの夕方と朝も表現できるようにしました。

これをいくつも重ねていくことで「時計」ができ、さらに季節を陰と陽で分けていくことで「暦《こよみ》（カレンダー）」ができました。他にも、方角を陰陽で北と南に、さらに東西南北に分けていくことで、「地図」ができました。

古代の王たちの重要な決断の一つは戦争でしたから、「いつどこを攻めるか」についても、陰陽で戦略が立てられるようになったわけです。

さらに、「弱い・強い」という物理的な概念が「陰・陽」で説明できるようになったことで、科学の発展にもつながりました。思えば現代のコンピュータも二進法なので、世界を陰陽の二進法で示した紀元前の先人たちの「先見の明」のすごさが実感できます。

『易経』は「生き方の教科書」

そもそも『易経』は、今から約三千年前、当時の中国大陸を中心とした黄河文明に生まれた「陰陽思想」の理論と活用法が書かれた本です。

原作者は伏羲《ふっき》と伝わっていますが、特定の一人によるものではありません。伏羲など理想の王をモデルとした「生き方の教科書」として、孔子をはじめ、後世の指導者・教育者たちによって、連綿と解説が加えられてきたものです。

科学の発展など、生活や考え方の変化があるごとにも追記されるようになると、辞書や百科事典としても使われるようになりました。

その点から『易経』は、「読む本」でもあり「引く本」でもあり、「永遠に書き続けられる書」ともいえます。

英語で『易経』は、"The book of changes"『変化の書』と訳されています。これは、「易」

の象形文字がトカゲであり、トカゲが環境に合わせて色を変えるように、「世界とは易《か》わるものである」ことの象徴なのですが、名訳ではないでしょうか。

『易経』は何の役に立つのか

目に見えるものだけでなく、ついには、「いかに生きるか」までを陰と陽で説明しようとした、先人の情熱には驚かされます。

古来、「易（吉凶を占う術）」の担い手であった軍師や参謀、易者はコンサルタントのような専門家として、目先の決断だけでなく、「いかに生きるか」といった相談にも応じていました。そうして、人生までを陰と陽、つまり「吉と凶」で分類整理し、それを体系化したのが、下の**図1**です。

図1　易の体系図

<table>
<tr><th rowspan="3">八卦</th><td>地</td><td>山</td><td>水</td><td>風</td><td>雷</td><td>火</td><td>沢</td><td>天</td></tr>
<tr><td>坤</td><td>艮</td><td>坎</td><td>巽</td><td>震</td><td>離</td><td>兌</td><td>乾</td></tr>
<tr><td>☷</td><td>☶</td><td>☵</td><td>☴</td><td>☳</td><td>☲</td><td>☱</td><td>☰</td></tr>
<tr><th rowspan="2">四象</th><td colspan="2">老陰</td><td colspan="2">少陽</td><td colspan="2">少陰</td><td colspan="2">老陽</td></tr>
<tr><td colspan="2">⚏</td><td colspan="2">⚎</td><td colspan="2">⚍</td><td colspan="2">⚌</td></tr>
<tr><th rowspan="2">両儀</th><td colspan="4">陰</td><td colspan="4">陽</td></tr>
<tr><td colspan="4">⚋</td><td colspan="4">⚊</td></tr>
<tr><th>太極</th><td colspan="8">☯</td></tr>
</table>

まず、物事の根本を「太極《たいきょく》」と位置づけ、それを陽と陰の二つの局面「両儀《りょうぎ》」に展開するところから、スタートしました。

さらに、人生の変化を分類した「四象《ししょう》」を展開しました。そこでは左のように、下から上へと変化を積み重ね、好不調がパターン化されました。

・老陽  「ずっと勢いがある」

・少陰  「勢いがあったが衰えていく」

・少陽  「低調だったものが勢いを得ていく」

・老陰  「ずっと低調」

そこに、さらに一本を加えて三本線にしたものが、「八卦《はっか》」と呼ばれる2×2×2の八種です。その八つに「乾《けん》、兌《だ》、離《り》、震《しん》、巽《そん》、坎《かん》、艮《ごん》、坤《こん》」という卦《か》名と、「天《てん》、沢《たく》、火《か》、雷《らい》、風《ふう》、水《すい》、山《さん》、地《ち》」という自然がもつ「徳」についてのキーワードがつけられました。

「徳」とは、価値を創り出せる力のことです。たとえばハサミの徳は、「紙を切る」ことでしょう。ただし、徳には品性が求められるので、社会に害をなす犯罪などは価値とはいえません。徳は、「陰徳」のように、見えないところで行われる善行や、「徳のある人」のように、居るだけで安心感・幸福感をもたらす人格者など、尊敬や賞賛を含む言葉です。

さらにこの八卦を二重に組み合わせて一組にした六本線によって、より複雑な状況が説明できるようになりました。それは8×8＝64通りになり、64卦（六十四《ろくじゅうよん》卦《か》）と呼ばれます。

64の卦のそれぞれが示すのは、人生におけるさまざまな局面です。

64卦のいずれかをヒントに、未来への変化の兆しや、それに対する対応を考えていくことになるのです。各卦の内容は、「第一部『易経』の言葉と問い」で順にご説明します。

左の**図2**の個別のマスの右下にある数字が、原典で挙げられている正式な順番であり、本書の説明順もそれに従っています。後で振り返る際にも、図2をご活用ください。

さらに、図2の個別のマスの右上にある、各卦を構成する古代易文字の6本線の1本ずつを「爻《こう》」と呼び、それぞれの爻がその人の置かれた位置を示します。

図2　易の六十四卦

坤（地）☷	艮（山）☶	坎（水）☵	巽（風）☴	震（雷）☳	離（火）☲	兌（沢）☱	乾（天）☰	上／下
地天泰 11	山天大畜 26	水天需 5	風天小畜 9	雷天大壮 34	火天大有 14	沢天夬 43	乾為天 1	乾（天）☰
地沢臨 19	山沢損 41	水沢節 60	風沢中孚 61	雷沢帰妹 54	火沢睽 38	兌為沢 58	天沢履 10	兌（沢）☱
地火明夷 36	山火賁 22	水火既済 63	風火家人 37	雷火豊 55	離為火 30	沢火革 49	天火同人 13	離（火）☲
地雷復 24	山雷頤 27	水雷屯 3	風雷益 42	震為雷 51	火雷噬嗑 21	沢雷随 17	天雷无妄 25	震（雷）☳
地風升 46	山風蠱 18	水風井 48	巽為風 57	雷風恒 32	火風鼎 50	沢風大過 28	天風姤 44	巽（風）☴
地水師 7	山水蒙 4	坎為水 29	風水渙 59	雷水解 40	火水未済 64	沢水困 47	天水訟 6	坎（水）☵
地山謙 15	艮為山 52	水山蹇 39	風山漸 53	雷山小過 62	火山旅 56	沢山咸 31	天山遯 33	艮（山）☶
坤為地 2	山地剥 23	水地比 8	風地観 20	雷地豫 16	火地晋 35	沢地萃 45	天地否 12	坤（地）☷

図3　卦の六爻

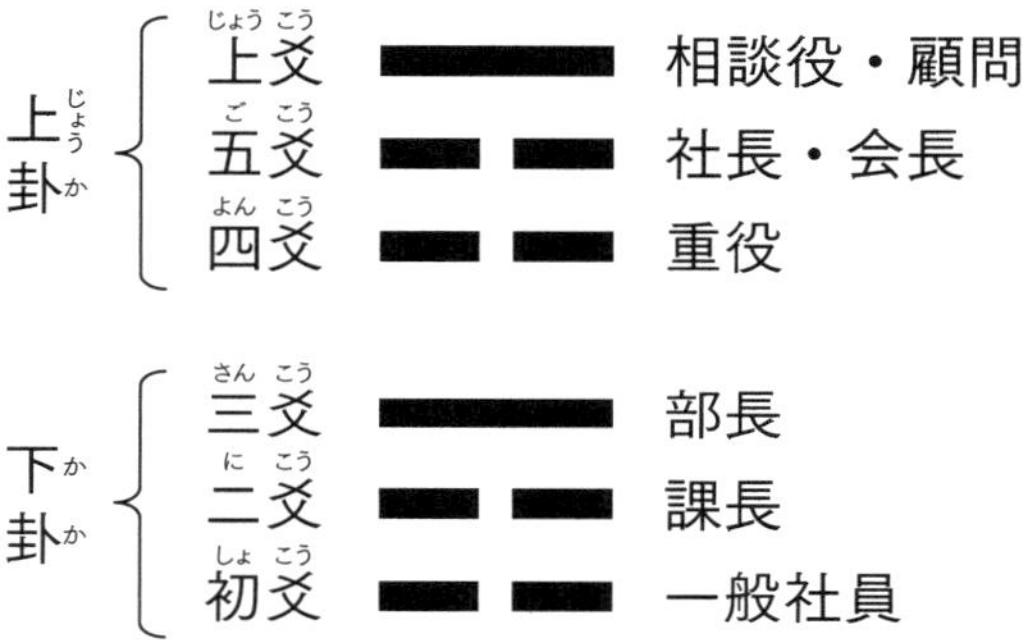

それは、上の図3にある通り、下から初爻《しょこう》、二爻《にこう》、三爻《さんこう》、四爻《よんこう》、五爻《ごこう》、上爻《じょうこう》と呼び、下から上への流れとして、時の変化や人の成長を表します。

上の三本を「上卦《じょうか》」、下の三本を「下卦《かか》」に二分すれば、上卦が上級者で下卦が初級者、会社の役職でいえば上卦が経営の上層部で、下卦が現場層に当たります。

ただし、会社の社長がつねに五爻で固定だということではありません。立場は、テーマや場面によって変わるからです。

社長が会社をテーマに考える場合は五爻ですが、その社長が趣味ではじめた習い事の上達をテーマに考えるなら初爻になります。

また、年齢も関係ありません。新入社員が会社をテーマに考える場合は初爻ですが、その新入社員が学生時代の部活の卒業生として、部活をテーマに考える場合には上爻です。

本書では、各爻の内容すべてをかみ砕いて「二行の問い」にしました。

次の「第一部『易経』の言葉と問い」をご覧いただければわかりますが、一つひとつの爻において問われる内容は、下卦の初級者にはやさしく、上卦の上級者になるほど厳しいものになります。

たとえば、喜ばしいことがあった際、下卦の初級者は「吉兆あり。その喜びを次の成長のエネルギーにしよう」などと勇気づけられますが、上卦の上級者は「あなたはその程度で満足なのか？」など、慢心のリスクを意識するよう、戒められます。

とくに最上位の上爻は、もう一人前なので楽ができ、いつでも下に立場を譲れる状況を示すので、その立場に安住するような甘えは禁物です。トップにある者の心得として、甘えを捨て、後進のために道を譲ることが、凶を避け、吉を長引かせるために大事な秘訣だからです。

このように『易経』は、64の卦による状況分析だけでなく、64卦×6爻＝総計384の爻による位置づけ・立場を示し、よりくわしく未来の変化を考えられる点に、強みがあります。

さらに「変爻《へんこう》」といって、爻の変化のパターンによる未来予測や仮説設定もできます。まずは64の卦を一通り頭に入れましょう。そして余裕ができたら、巻末の「おまけ　6枚式コイン易占《えきせん》」もご参照いただき、『易経』の言葉や問いとの偶然の出会いをお楽しみください。

本書の使い方

本書のメインとなる「第一部『易経』の言葉と問い」で、易の「64卦×6爻」をすべて解説します。

「第二部『易経』7つの教え」では改めて、ポイントごとに全体を振り返ります。

「『易経』に何度もトライしたがやはり難解だ」という方は決して欲張らず、「一日一卦」のペースで読み進めるようにしてください。

その際、あらかじめ「今日考えたい・決断したいテーマ」をなるべく明確に、できれば文章にしておくと、答えも明確になるはずです。

『易経』に書いてあるのは、答えではなく「問い」です。

これは「自問自答」のための書であり、自分のテーマとその問いとの自問自答によって、自分で答えを導き出す、という心の中でのキャッチボールが大切だからです。

もちろん、コーチなどの相談相手がいるなら、対話もいいでしょう。先述したように昔は「軍師」「参謀」「易者」など、今でいうコンサルタントがその役目を担いました。

しかしながら、他人には言いづらい悩みもあるでしょうから、やはり「自問自答」もできるようにしておくと良いでしょう。

『易経』の64卦すべてを一通り理解できた方であれば、好きな卦を「決断軸の切り札」に据えられます。

ちなみに、筆者の「決断軸の切り札」は、成長課題には「01乾為天《けんいてん》」を、行動計画には「25天雷无妄《てんらいむぼう》」を、人間関係には「44天風姤《てんぷうこう》」を使うことが多いです。

どの卦を選ぶかは、あなたの「直観」です。

『広辞苑』の「直観」の説明には「一般に判断推理などの思惟《しい》作用を加えることなく対象を直接に把握すること」とありますが、『易経』を何度も何度も読んでいけば、「ああ、自分にはこの卦だな」という確信に至り、腹落ちする瞬間がかならず訪れるのです。

『易経』をすでによく理解できている方は、早速「第一部『易経』の言葉と問い」をご自身の理解とすり合わせながら、まずは一通りご覧ください。

そのうえで、とくにこだわりたい卦を選び、「自分らしさを活かすなら、どんな問いにすればより使いやすいか？」など、本書を「自問自答の友」や「壁打ち相手」とし、「己の行く道」を模索する一助として、玩味いただければ幸甚です。

それでは、64卦×6爻の読み解きに移りましょう。

人生が好転する『易経』の言葉　目次

第一部　『易経』の言葉と問い

20 風地観「ふうちかん」 目に見えるものから観えてくる、見えないものを観よう。そこに本質がある。……083
21 火雷噬嗑「からいぜいごう」 罰がなければ罪は繰り返される。時には思いきって、罪を噛み砕こう。……086
22 山火賁「さんかひ」 飾りは内面の輝きを際立たせるもの。メッキが剥がれ内面がさらされて、恥をかくことがないように。……089
23 山地剥「さんちはく」 人は失うことでしか大切なものを確かめられない。あなたの人生の最後に残したいものは？……092
24 地雷復「ちらいふく」 つらい時はいつまでも続かない。かならず帰る春を信じて冬を耐え抜こう。……095
25 天雷无妄「てんらいむぼう」 欲をかいて姑息なことをしない。人や自然を信じて任せるほうが良いこともある。……098
26 山天大畜「さんてんたいちく」 これまでの蓄積が花開く時。もし蓄積が足りなければ悲劇につながる。……101
27 山雷頤「さんらいい」 生きるとは養われ、養うこと。自分一人で生きていると考えることこそ、凶。……104
28 沢風大過「たくふうたいか」 負荷に耐え抜けば強くなる。智慧と工夫と品性で重圧を乗りきろう。……107
29 坎為水「かんいすい」 修羅場ではまず身を守り、心を守ろう。耐え抜けば経験値が上がる。……110
30 離為火「りいか」 自分を磨き、輝きを放とう。他者の喜ぶ顔に、きっとあなたの成長が観える。……113
31 沢山咸「たくさんかん」 恋愛も交渉も感受性。相手の発信に気持ちよく反応し、最後には感動を与えよう。……116
32 雷風恒「らいふうこう」 台風でもブレないのは柳のような柔軟性。折れないしなやかさを携えよう。……119
33 天山遯「てんざんとん」 隠遁こそ身を守るための上策。引くと決めたら、きっぱり潔く引こう。……122
34 雷天大壮「らいてんたいそう」 勢いばかりで自制ができないのは、暴走車と同じ。敵にも利用されやすく危険。……125

35 火地晋［かちしん］ 進む資格があるなら進もう。進むことによって見えてくるものがある。…… 128
36 地火明夷［ちかめいい］ 夜明け前が一番暗い。報われない中に夜明けの兆しを観る者こそが賢者。…… 131
37 風火家人［ふうかかじん］ 家こそ基盤。家に必要な手間をかけ、乱れを整えて豊かな場所にしよう。…… 134
38 火沢睽［かたくけい］ 相手と揉めたら傾聴して本心を聴き出そう。握手のきっかけがきっと見つかる。…… 137
39 水山蹇［すいざんけん］ 絶望的な状況を想定した危機管理を。反省を先にすれば「想定外」はない。…… 140
40 雷水解［らいすいかい］ 雪解けの時が来る。変化の方向性を見極め、臨機応変に対応しよう。…… 143
41 山沢損［さんたくそん］ 自分の損は、他者の得。目先の損は、未来の得。視野の広さこそが財産。…… 146
42 風雷益［ふうらいえき］ 本当に欲しいものは何か、それを早く知ろう。人生を間違えないために。…… 149
43 沢天夬［たくてんかい］ 大きな変化における決断のためには、日頃からの信頼関係が重要になる。…… 152
44 天風姤［てんぷうこう］ 大人の恋は慎重に。勢いよりも知性を。…… 155
45 沢地萃［たくちすい］ 人が群れれば何かが起こる。出しゃばりすぎず、人望のある若手にも頼ろう。…… 158
46 地風升［ちふうしょう］ 順調な平時こそ落とし穴がある。ゆったりと慎重に、余裕をもって改善を続けよう。…… 161
47 沢水困［たくすいこん］ 苦あれば楽あり。困窮の経験はかならず将来の財産になる。…… 164
48 水風井［すいふうせい］ 「井戸の陰徳」に学べば、自然と周りに人が集まるような人になる。…… 167
49 沢火革［たくかかく］ 改革とは他者を変えることではない。あなたこそが鮮やかに変わって見せよう。…… 170

50 火風鼎「かふうてい」 体制の安定には調和が必要。ただし、三角関係にならぬよう、要注意。…… 173

51 震為雷「しんいらい」 怒りのエネルギーに耐えよう。天災は防げずとも、その後の人災は防げるはず。…… 176

52 艮為山「ごんいさん」 「止まる徳」があなたの考え方に深みと重みを与え、エネルギーを蓄える。…… 179

53 風山漸「ふうざんぜん」 大きな成果は、着実な段取りと堅実な継続から。そこにこそ美は宿る。…… 182

54 雷沢帰妹「らいたくきまい」 悔しい時こそ本性が現れる。後から来た人に道を譲れる品性が、吉。…… 185

55 雷火豊「らいかほう」 豊かさをもたらす英雄でも、成功すれば道徳を忘れ、智慧が暗くなる。…… 188

56 火山旅「かざんりょ」 海岸を見失っても進むほどの覚悟がなければ、新大陸の発見はできない。…… 191

57 巽為風「そんいふう」 軽快と軽薄、従うと阿る、柔軟さと薄情さ、誠意とご機嫌取りを分別しよう。…… 194

58 兌為沢「だいたく」 自分のための喜びは小人を救うが、大人ならば、他者の喜びもなければ救われない。…… 197

59 風水渙「ふうすいかん」 雪解けの水流が古いものを押し流す。それでもブレないものを見極めよう。…… 200

60 水沢節「すいたくせつ」 大人に節目の節度あり。硬い節目があるほど、竹は美しく高く伸びる。…… 203

61 風沢中孚「ふうたくちゅうふ」 真心こそが相手に伝わる。真心はあなたを裏切らない。…… 206

62 雷山小過「らいざんしょうか」 足るを知る者はつねに豊か。「まだ足りない」の不満が貧しさを生む。…… 209

63 水火既済「すいかきせい」 はじめたことはやり抜かねばならない。それで終わりのあなたではないはず。…… 212

64 火水未済「かすいびせい」 未完成こそが、「永遠の成長」という希望へとつながっていく。…… 215

第二部

『易経』7つの教え

カバー・本文デザイン 装幀新井
DTP 一企画

WORDS of EKIKYŌ
Life Gets Better

第一部

『易経』の言葉と問い

〈卦《か》のページについて〉

第一部では、それぞれの卦を3ページで解説しています。
それぞれを味わって読むことで、64卦と各6爻《こう》の理解が進みます。

・1ページ目：各卦のテーマ
・2ページ目：各卦の解説
・3ページ目：6つの爻の問い

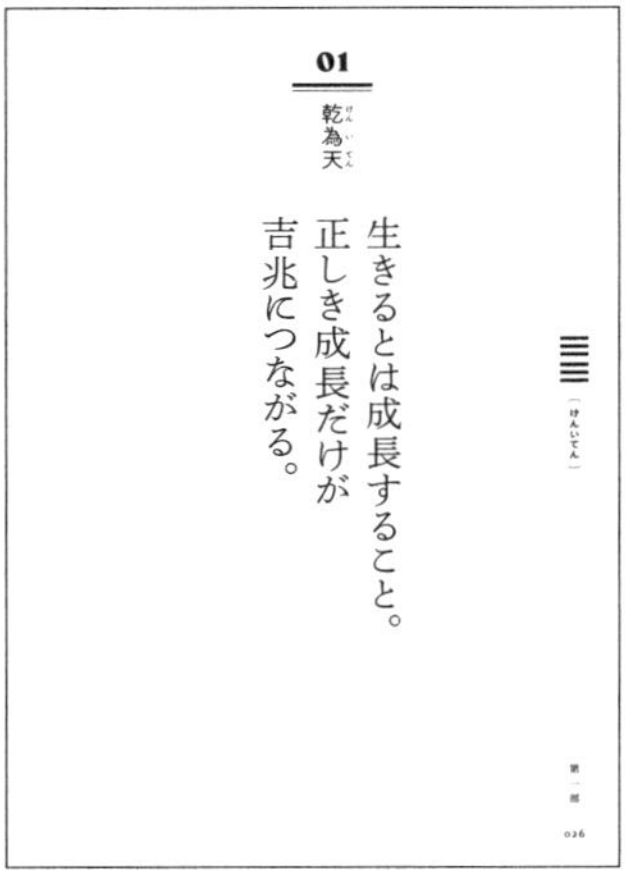
01
乾《けん》為《い》天《てん》
生きるとは成長すること。
正しき成長だけが
吉兆につながる。
☰
（けんいてん）
第一部
026

1ページ目：各卦のテーマ

このページでは、
『易経』64のテーマの一つひとつを、
短い言葉で説明します。

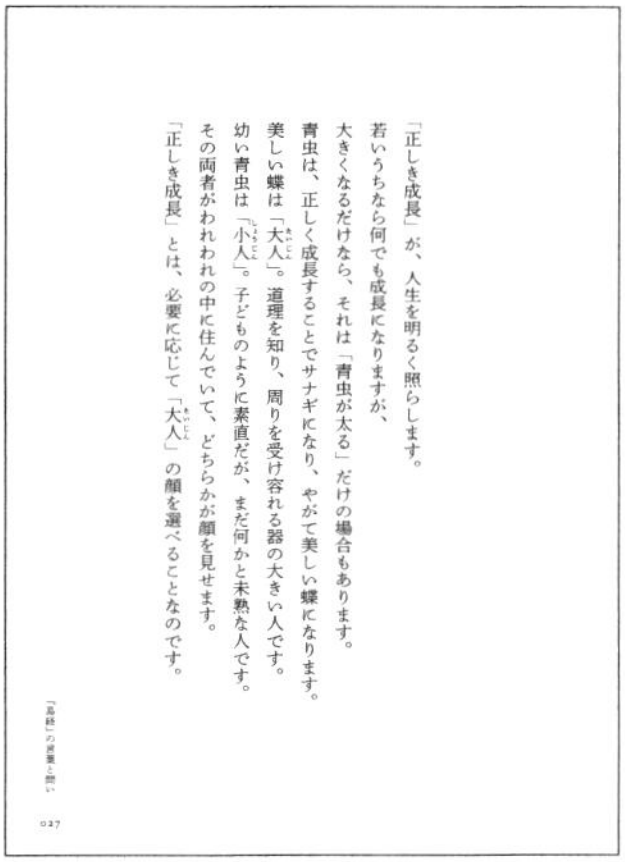

「正しき成長」が、人生を明るく照らします。
若いうちなら何でも成長になりますが、
大きくなるだけなら、それは「青虫が太る」だけの場合もあります。
青虫は、正しく成長することでサナギになり、やがて美しい蝶になります。
美しい蝶は「大人《たいじん》」。道理を知り、周りを受け容れる器の大きい人です。
幼い青虫は「小人《しょうじん》」。子どものように素直だが、まだ何かと未熟な人です。
その両者がわれわれの中に住んでいて、どちらかが顔を見せます。
「正しき成長」とは、必要に応じて「大人《たいじん》」の顔を選べることなのです。

「易経」の言葉と問い

027

2ページ目：各卦の解説

このページでは、
『易経』64の教えの一つひとつに、
「今」の視点から解説を加えます。

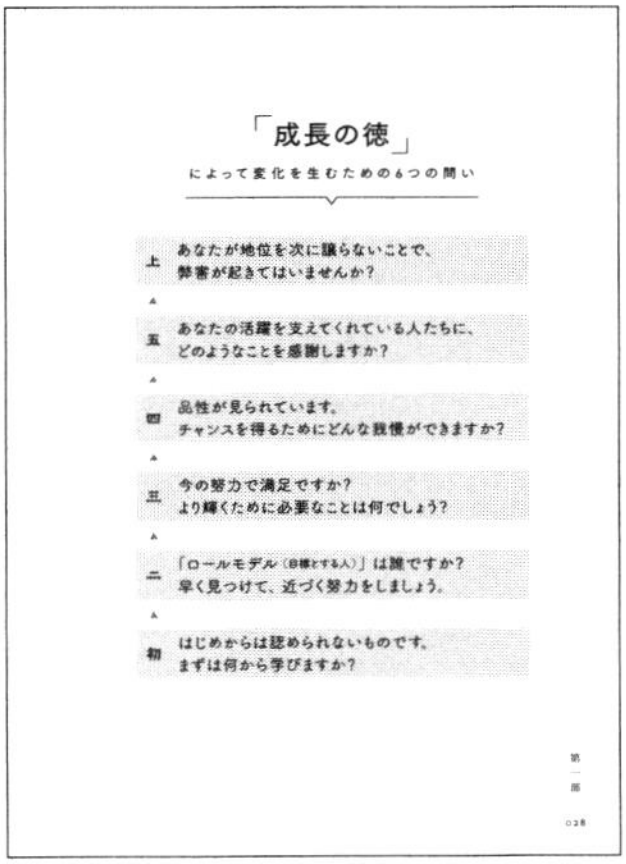

「成長の徳」

によって変化を生むための6つの問い

上 あなたが地位を次に譲らないことで、弊害が起きてはいませんか？

五 あなたの活躍を支えてくれている人たちに、どのようなことを感謝しますか？

四 品性が見られています。チャンスを得るためにどんな我慢ができますか？

三 今の努力で満足ですか？より輝くために必要なことは何でしょう？

二 「ロールモデル（目標とする人）」は誰ですか？早く見つけて、近づく努力をしましょう。

初 はじめからは認められないものです。まずは何から学びますか？

第一部

028

3ページ目：6つの爻の問い

このページでは、
『易経』64卦の一つひとつを構成する
6つの爻を短い問いの形にして、教え
の解像度をさらに上げていきます。

〈奇数と偶数の番《つが》い構図〉

奇数の卦

（例：**01** 乾為天）

「成長の徳」
01
乾為天
生きるとは成長すること。
正しき成長だけが
吉兆につながる。

偶数の卦

（例：**02** 坤為地）

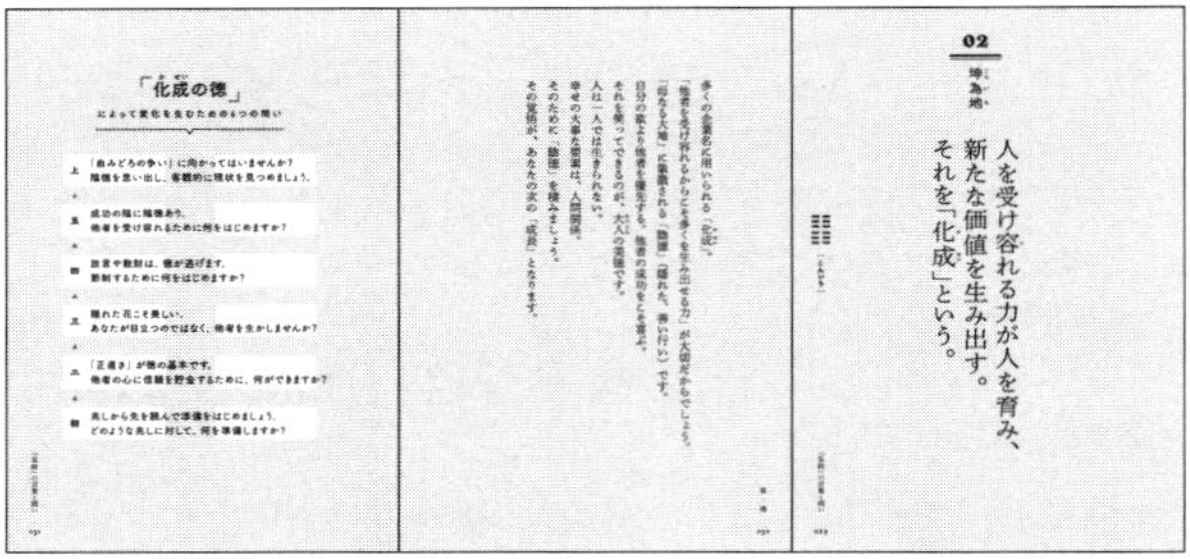
「化成の徳」
02
坤為地
人を受け容れる力が人を育み、
新たな価値を生み出す。
それを「化成」という。

3ページ目　　2ページ目　　1ページ目

奇数の卦と偶数の卦が、入り組む構成になっています

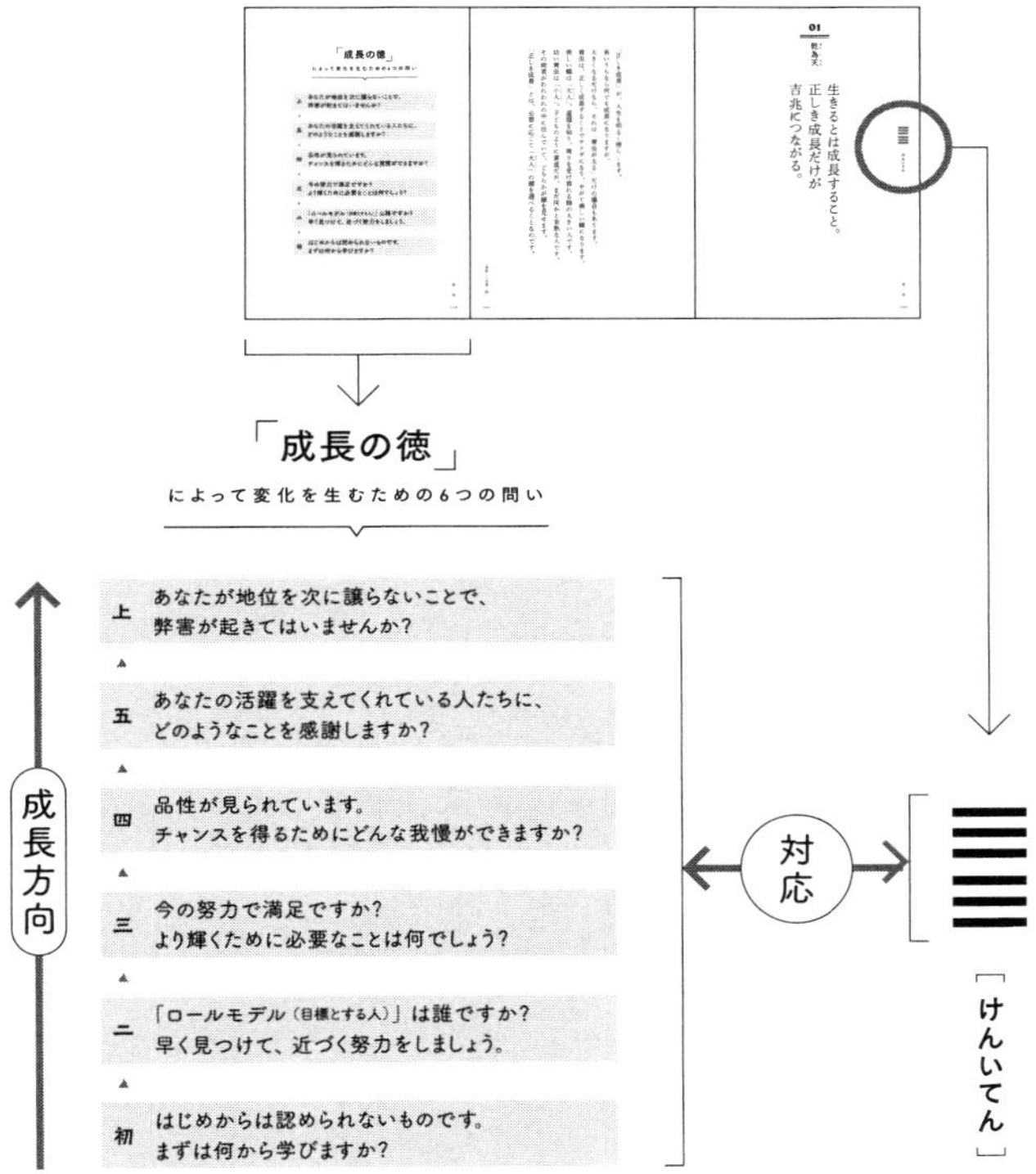

64の卦は、奇数と偶数で一組の対比の番い（ペア）になっています。これは易文字の象《かたち》によるもので、あるものは裏返し、あるものは逆さまです。「錯綜《さくそう》」という言葉はこの易の象と数が複雑に入り組んでいることからきています。奇数の卦と偶数の卦でページの色を変えてペアを示しています。

また、それぞれの卦の3ページ目には、背景に6本の陰と陽を入れ、下から上への矢印で成長方向も示しました。

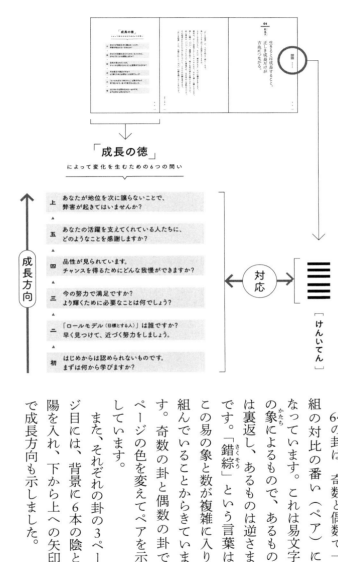

01

乾《けん》為《い》天《てん》

生きるとは成長すること。
正しき成長だけが
吉兆につながる。

［けんいてん］

「正しき成長」が、人生を明るく照らします。
若いうちなら何でも成長になりますが、
大きくなるだけなら、それは「青虫が太る」だけの場合もあります。
青虫は、正しく成長することでサナギになり、やがて美しい蝶になります。
美しい蝶は「大人《たいじん》」。道理を知り、周りを受け容れる器の大きい人です。
幼い青虫は「小人《しょうじん》」。子どものように素直だが、まだ何かと未熟な人です。
その両者がわれわれの中に住んでいて、どちらかが顔を見せます。
「正しき成長」とは、必要に応じて「大人《たいじん》」の顔を選べることなのです。

「成長の徳」

によって変化を生むための6つの問い

上 あなたが地位を次に譲らないことで、
弊害が起きてはいませんか?

▲

五 あなたの活躍を支えてくれている人たちに、
どのようなことを感謝しますか?

▲

四 品性が見られています。
チャンスを得るためにどんな我慢ができますか?

▲

三 今の努力で満足ですか?
より輝くために必要なことは何でしょう?

▲

二 「ロールモデル(目標とする人)」は誰ですか?
早く見つけて、近づく努力をしましょう。

▲

初 はじめからは認められないものです。
まずは何から学びますか?

02

坤《こん》為《い》地《ち》

人を受け容《い》れる力が人を育み、
新たな価値を生み出す。
それを「化《か》成《せい》」という。

［こんいち］

多くの企業名に用いられる「化成《かせい》」。
「他者を受け容れるからこそ多くを生み出せる力」が大切だからでしょう。
「母なる大地」に象徴される「陰徳」（隠れた、善い行い）です。
自分の欲より他者を優先する。他者の成功をこそ喜ぶ。
それを笑ってできるのが、大人《たいじん》の美徳です。
人は一人では生きられない。
幸せの大事な要素は、人間関係。
そのために「陰徳」を積みましょう。
その覚悟が、あなたの次の「成長」となります。

「化《か》成《せい》の徳」

によって変化を生むための6つの問い

上 「血みどろの争い」に向かってはいませんか？
陰徳を思い出し、客観的に現状を見つめましょう。

▲

五 成功の陰に陰徳あり。
他者を受け容れるために何をはじめますか？

▲

四 放言や散財は、徳が逃げます。
節制するために何をはじめますか？

▲

三 隠れた花こそ美しい。
あなたが目立つのではなく、他者を生かしませんか？

▲

二 「正直さ」が徳の基本です。
他者の心に信頼を貯金するために、何ができますか？

▲

初 兆しから先を読んで準備をはじめましょう。
どのような兆しに対して、何を準備しますか？

03

水雷屯《すいらいちゅん》

厚く積もった雪の下には、芽を出すまでの我慢に耐える徳がある。

［すいらいちゅん］

達成や成功には、準備とタイミングが大事です。
じっと我慢すべき「冬の時」には、じたばたせずに耐える。
そして、今が冬なら、次は春。
春はかならず来ます。
季節の変化と同じように、人は人生を変化とともに生きています。
つらい冬をどうすごし、何を準備したか。それが春に芽を出す力になります。
つらい冬に育む友情や愛情を通じてこそ、本物のパートナーも見つかります。
近づく春を楽しみに、「準備の徳」を楽しめる大人《たいじん》になりましょう。

「準備の徳」

によって変化を生むための6つの問い

上 今がどん底なら、後は上るだけ。
前向きさを保てていますか？

▲

五 「大事は小事の積み重ね」。
今、継続し積み重ねるべきものは何ですか？

▲

四 もつべきものは友だちです。
協力相手はどこにいますか？

▲

三 道を間違わないよう、賢者に助言を求めましょう。
賢者といえば誰ですか？

▲

二 安易な道を選ばないために、
厳しさのある同志が必要です。それは誰ですか？

▲

初 スタート地点から固める必要があります。
はじめに克服すべき弱点は何ですか？

04

山《さん》水《すい》蒙《もう》

自分の無知を知る者が、一番賢い。無知にも徳がある。

［さんすいもう］

自分の無知を知らないことほど、恥ずかしいことはありません。

「自分が何を知っていて何を知らないか、ともに知るのが知性だ」（孔子）

初心者は自分の無知を知っているので、何をやっても成長します。
反対に「自分は十分知っている」とうぬぼれるのは慢心。

「成長」とは希望であり、成長する人は年齢に関係なく魅力的です。
自分の無知を知ることで、大人《たいじん》としての深みが増すのです。

「無知の徳」

によって変化を生むための6つの問い

上 他者の無知を正すのに、
「上から目線」になってはいませんか？

▲

五 傾聴力を磨きましょう。
年下や後輩から学べることは何ですか？

▲

四 あなたには人生の師が必要です。
あなたが教わるべき相手は誰ですか？

▲

三 あなたが本当に欲しいものは何ですか？
文章にしてじっと見つめてみましょう。

▲

二 あなたのそばにいる人の無知に対して、
どのように思いやることができますか？

▲

初 あなたが守るべきルールは何ですか？
未来への土台はそこにあります。

05

水天需《すいてんじゅ》

あなたが「待機の徳」のある
大人《たいじん》になろう。それなら
皆で待つことを楽しめる。

［すいてんじゅ］

古来、大きな川を渡ることは大仕事の象徴でした。
そうした大仕事に際して、増水などで渡れないような場合、
あなたはどうしますか？
「待つことを仲間と一緒に楽しもう」
それが『易経』の教えです。
どうしようもない状況なら、焦るだけムダ。
仲間と美味しいものでも食べながら、楽しく待てる大人《たいじん》に成長しましょう。
そうすれば疲れも取れ、人間関係も良くなって、
水が引く頃にはエネルギーもたっぷりたまるでしょう。
それなら皆で明るく元気に川を渡れるはずです。

「待機の徳」

によって変化を生むための6つの問い

上	敵だからこそ仲良くすべきでは？ 平和はあなたが敵とつくるものです。
▲	
五	大切な人を思い浮かべてください。 一緒に待ちながら何ができるでしょう？
▲	
四	危険に近づいていませんか？ 冷静に状況を見極めて、助けを待ちましょう。
▲	
三	焦りは魔物です。 味方の登場を待ちつつ、できる準備は何ですか？
▲	
二	傾聴に時間をかけましょう。 準備に際して得たアドバイスは何ですか？
▲	
初	何事も準備が大切。 空いた時間でどのような準備ができますか？

06

天水訟《てんすいしょう》

争いごとをしかける意味が
どこにあるのか。勝っても
負けても良いことはない。

［てんすいしょう］

怒りは六つ数えれば収まる、と言われます。
一時の感情で人を傷つけず、迷惑をかけない。
たとえ言いぶんがあってもぐっと飲み込む。それが大人《たいじん》です。

「全勝するより、戦わずして勝つほうが上等だ」（孫子）

まずは争わない解決方法を考えましょう。
あなたの態度が立派なら、相手も無視できません。
大人《たいじん》としての深みを身につけ、ブレない生き方をしましょう。

「不戦の徳」

によって変化を生むための6つの問い

上 大人《おとな》になりませんか？
「ケンカに勝って損をする」のが一番の恥です。

▲

五 仲裁者が一番の大人《たいじん》です。
私利私欲を捨てて助けるべき相手は誰ですか？

▲

四 怒りを収め冷静になりましょう。
誰からアドバイスをもらえますか？

▲

三 家族や仲間を安心させるのが大人《たいじん》です。
どうすれば争いをやめられますか？

▲

二 勝ち目もない争いならやめましょう。
退却する場合の障害は何ですか？

▲

初 大きな心で相手を許すために、
あなたに必要なことは何ですか？

07

地《ち》水《すい》師《し》

人を正しく評価しよう。
それが信頼の核だから。

［ちすいし］

大人《おとな》の模範として、指導者や親になれば正しく強くあらねばなりません。
あなたの姿を見て、組織やチーム、家族が動くからです。
まずは強い信念をもつことが大切です。
信念は「人に対する正しい評価」という形で皆に伝わります。
それがブレない軸であり、あなたという人物そのものだからです。

「人の上に立つ者は、自分の好き嫌いを表に出してはならない」（韓非子《かんぴし》）

単なる好き嫌いを超えた信念があれば、評価も正しくできるはずです。

「評価の徳」

によって変化を生むための6つの問い

上 好き嫌いではなく、ほめるべき人を正しくほめていますか？

▲

五 誰に頼むか、正しく評価しましたか？
誰でも良いわけではありません。

▲

四 間違いの原因は何ですか？
一時的な「退却」も立派な作戦です。

▲

三 知ったかぶりをする前に事実を知りましょう。
何から学び直しますか？

▲

二 大事な仕事を任せられる相手は誰ですか？
信頼関係と感謝が必要です。

▲

初 あなたにとって守るべきルールは何ですか？
良いルールが良いチームをつくります。

08

水《すい》地《ち》比《ひ》

「親密さ」は相手に対する敬意の表明。それが大人《たいじん》の巻き込み力でもある。

［すいちひ］

信頼関係を築く相手は、誰でも良いわけではありません。
誠意のない人がチームに混じることには十分注意してください。
そういう人は集合の呼びかけにも遅れてくるものです。
誠意は行動の速さにも見てとれます。
逆にあなたが信頼されたいなら、まっ先にかけつけましょう。
返事もすぐにしましょう。
早く応えるだけなら、たいした手間もお金もかかりません。
それなのに相手に伝わる「親密の徳」はとても大きいのです。

「親密の徳」

によって変化を生むための6つの問い

上	反省を習慣にできていますか？ 信頼できる人からアドバイスを聴いてみましょう。
▲	
五	欲得より寛容の精神で相手に接していますか？ 器が小さいと嫌われます。
▲	
四	目上の人にも信頼されていますか？ 不誠実になりかねないふるまいは正しましょう。
▲	
三	友人関係は正しく健康的ですか？ 不誠実さは感染するので危険です。
▲	
二	身近な信頼関係を振り返りましょう。 自分の態度の改善点はどこですか？
▲	
初	相手への誠意をどのように表しますか？ 遅刻は「時間どろぼう」です。

09

風天小畜《ふうてんしょうちく》

成果が出なくても言い訳をしない。幸運とは、準備が機会にめぐりあうこと。

成果が思い通りに出なくて焦る時期があります。
じれったくてイライラし、ストレスも溜まりがちです。
こうした時こそ、あなたの本性《ほんしょう》が明らかになります。
周りも、あなたをじっと観察しています。
人のせいにするのは見苦しいので、やめましょう。
じたばたせず凛《りん》とした態度で、心で「感謝」を唱えましょう。
つらい時期こそ粘り強く、成果につながる行動を愚直に続け、蓄えるのです。

「感謝の徳」

によって変化を生むための6つの問い

上 「まだ足りない」が貧しさです。
相手への感謝と誠意は十分ですか?

▲

五 他者の人生をどれだけ豊かにできていますか?
周りの人の目線から、自らを振り返りましょう。

▲

四 問題があるなら、あなたにも原因があるはず。
大事な相手に感謝を示していますか?

▲

三 良好な人間関係を築くためにすべきことは?
相手に譲ることも覚えましょう。

▲

二 迷いや悩みを相談できる友人はいますか?
もつべきものは友だちです。

▲

初 幸福は感謝の積み重ね。
まだ十分に感謝できていない相手は誰ですか?

10

天沢履《てんたくり》

ハチの巣に挑まぬクマに、蜜はない。
危険を正しく恐れて挑戦しよう。

［てんたくり］

成果を得るためには、危険は避けられません。
人生では、挑戦すべき局面が何度もやってきます。
いざという時に正しく勇気をもって行動できるよう、
危険を正しく恐れてしっかり準備しておきましょう。
結果はどうあれ、挑戦した人の勇気は賞賛されます。
一流といわれる人には皆、「修羅場経験」があるものです。
危険があっても正しく行動すれば、待つのは悪い結果ばかりではないのです。

「危険の徳」

によって変化を生むための6つの問い

上
毎日「反省」できていますか?
ひとりよがりでは、危機管理とはいえません。

▲

五
一人で危険な場所にいませんか?
頼れる人をまずは探しましょう。

▲

四
安全対策は十分ですか?
危険に対しては、悲観的な準備が必要です。

▲

三
自信過剰になってはいませんか?
慎重さを忘れずに進みましょう。

▲

二
あなたらしい挑戦をしましょう。
他者の評判を気にしすぎてはいませんか?

▲

初
姑息《こそく》なやり方をしていませんか?
正直な自然体を心がけましょう。

11

地《ち》天《てん》泰《たい》

安泰な時に何を語るかで、
想像力と思いやりと
勇気の程度がわかる。

［ちてんたい］

満腹になれば、食べ物の有難さを忘れる。
それは「想像力」という、智が足りないのです。

「もっと美味いものがあるのでは？」と欲をかき、感謝を忘れる。
それは「思いやり」という、仁の心が足りないのです。

美食の誘惑に負けて、節制を忘れる。
それは、「覚悟」という勇気が足りないのです。

豊かさとは「足るを知る」という「智・仁・勇」の心。
貧しさとは「まだ足りない」という不満。
それらはともに、自分自身の内側にあるのです。

「安泰の徳」

によって変化を生むための6つの問い

上 築き上げたものでも、時が経てば壊れます。
修復する努力をしていますか？

▲

五 人の力を借りるには、感謝と配慮が必要です。
習慣化できていますか？

▲

四 慢心に打ち勝てていますか？
謙虚さと思いやりこそが、あなたを守ります。

▲

三 一喜一憂の悪循環になってはいませんか？
変化の予測と対策が必要です。

▲

二 安泰を生むための「智・仁・勇」のうち、
あなたに足りないものは何ですか？

▲

初 良い時こそチームワークを意識しましょう。
そのためには何ができますか？

12

天地否《てんちひ》

人間関係がちぐはぐで
起きてしまう葛藤にこそ、
仲裁と改善の機会がある。

［てんちひ］

親が良かれと思って言っても、子どもには伝わりづらい。
逆に、子どもの挑戦を、親が心配で止めてしまうこともあります。
学校や会社でも、意見の対立や葛藤は繰り返されます。
しかし、これは立場や視点の違いによる矛盾の発見とともに、
「答えは両立にある」というイノベーションの出発点でもあるのです。
さらには、それを仲裁する人が両方から感謝されるチャンスでもあります。

「葛藤の徳」

によって変化を生むための6つの問い

上	葛藤の先に光が見えませんか? あなたの仲裁と改善の成果こそが光になります。

▲

五	平穏に油断せず、危機管理を徹底するために、 何を強化しますか?

▲

四	あなたの志は何ですか? 目上の人からのアドバイスをヒントにしましょう。

▲

三	やましい隠しごとはありせんか? 嘘つきだと思われては信頼されません。

▲

二	不善の関係はありませんか? しがらみに流されず、断るべきは断りましょう。

▲

初	かかわる相手を正しく選べていますか? まずは関係自体の善悪を見極めましょう。

13

天《てん》火《か》同《どう》人《じん》

強いチームをつくるなら、
志の共有とオープンな話し合いを
徹底しよう。

「同人」とは「同人誌」の語源。正しいチームづくりの秘訣のことです。
まずは志をしっかりと共有しましょう。
個人的な欲得による「野合《やごう》」（まとまりない集まり）に終わらぬように。
それでは正しい人は集まりません。

志を立てるには、視野を広く、視座を高く。
多くの人の役に立ち、社会の幸福につながるビジョンをもちましょう。
正しい志があれば、かならずや素晴らしい仲間が集まるからです。

「志の徳」

によって変化を生むための6つの問い

上　危険の予兆はありませんか？
いったん退いてでも安全を確保しましょう。

▲

五　苦労があってもやり抜きましょう。
困難を乗り越えた先、誰と喜び合えますか？

▲

四　手の届かぬものを欲しがってはいませんか？
深追いは禁物です。

▲

三　身のほどを知らずに事をなすのは危険です。
何から力をつけるべきですか？

▲

二　身内だけの狭い付き合いでは視野が広がりません。
付き合いをどのように広げていきますか？

▲

初　門を開けて外に視野を広げましょう。
新たな世界に何が見えますか？

14

火《か》天《てん》大《たい》有《ゆう》

強引な北風より、
太陽のあたたかさが相手を動かす。
包容力で陰徳の大《たい》人《じん》になろう。

[かてんたいゆう]

指導者には「太陽」のような人格が期待されます。
古事記にも陰陽思想が色濃く受け継がれていて、
天照大神《あまてらすおおみかみ》も、太陽のイメージで書かれています。
その「智」が、皆を明るく照らし、
その「仁」が、あたたかく大きな包容力となり、
その「勇」に、確固たる輝きがある。
「智・仁・勇」を兼ね備えた人格は、たくさんの人を魅《ひ》きつけるのです。

「太陽の陰徳」

によって変化を生むための6つの問い

上 感謝を忘れてはいませんか？
あなたの感謝が吉兆を呼び込みます。

▲

五 大人《たいじん》の心得としての誠と威厳と親しみやすさを、
どう発揮していますか？

▲

四 あなたの存在感が大きくなる時こそ、
謙虚さを思い出していますか？

▲

三 ケチケチしていませんか？
あなたの太っ腹な対応が皆を幸せにします。

▲

二 大きな心をもちましょう。
あなたの包容力をどう発揮しますか？

▲

初 「君子危うきに近寄らず」です。
危機管理はできていますか？

15

地《ち》山《ざん》謙《けん》

「謙虚さ」とは弱さではなく強さ。
それが小人《しょうじん》を大人《たいじん》に成長させる。

謙虚でない人が、尊敬されることはありません。
反対に、謙虚な人が嫌わることはありません。
行動に迷うたび、「謙虚さ」に立ち返りましょう。
人に譲って、たとえ報われなかったとしても、それは目先だけのこと。
「謙虚さ」を貫き通すことで、残るものがかならずあります。
あなたが生きたことで残せるものとは、
いつか誰かにあなたが譲ったものなのです。

「謙虚の徳」

によって変化を生むための6つの問い

上	謙虚であっても臆病であってはならない。 今のあなたはどうですか?
▲	
五	謙虚さのあまり、勇気を忘れていませんか? 不正を正すなら断固たる態度を。
▲	
四	謙虚さ以上の徳はありません。 どれだけの相手に対して徳を積めていますか?
▲	
三	成果に謙虚さが伴えば最高です。 あなたの行動のどこを変えますか?
▲	
二	あなたの謙虚さが誰かに伝わるとしたら、 それはどのような行動ですか?
▲	
初	あなたらしい謙虚さとは何でしょう? 謙虚さを意識して実践できるようにしましょう。

16

雷《らい》地《ち》豫《よ》

喜びの徳は、
あなたに学びと努力を促すが、
それを決してムダにはしない。

［らいちよ］

苦労をすればするほど、達成の喜びは増すものです。
苦労をともにした同志と喜び合えれば、さらに格別でしょう。
一方で、快楽でもある喜びには、「落とし穴」もあります。
「落とし穴」に足を取られないためには、
高望みしない、同志を疑わない、用心を忘れない、喜びに酔いすぎない。
そして何より、「石にかじりつくような努力」を継続する。
達成の喜びがあれば、つらさにも人は耐え、前を向けるのです。

「喜びの徳」

によって変化を生むための6つの問い

上 喜びに甘えすぎてはいませんか？
喜びは感謝のぶんだけ、長続きします。

▲

五 病人の慎重さが長生きの秘訣。
喜びに酔わず、慎重でいる用心がありますか？

▲

四 同志が集まる喜びの場がありそうです。
皆にどんな感謝を示しますか？

▲

三 努力以上の喜びを求めていませんか？
虫の良すぎる高望みは凶です。

▲

二 喜びの誘惑に負けていませんか？
石にかじりつくほどの努力をしましょう。

▲

初 はじめたばかりなら、何よりもまず学ぶ姿勢を。
何から学んでいきますか？

17

沢雷随《たくらいずい》

立派なものに従うことは、
生きがいになる。
従う徳の偉大さを知ろう。

［たくらいずい］

「何に従って生きるか？」

という生き方の軸が、その人の性格と人生を決めます。

従うものが立派ならブレず、協力者も集まりますが、

間違えば孤立し、惑うことになります。

あなたが真に従うべき原理原則とは何か？

師を求め、歴史に学び、試行錯誤を続ければ、いつかかならず見えてきます。

それがあなたの志であり、生き方のブレない軸になるのです。

「従う徳」

によって変化を生むための6つの問い

上 仲間と共有すべき原理原則を、
一緒に思い出す機会を設けていますか?

▲

五 誠をもって善に従いましょう。
正しく指摘をしてくれるのは誰ですか?

▲

四 しがらみに縛られ、不正に巻き込まれていませんか?
誠に従いましょう。

▲

三 賢者や目上の人からのアドバイスに従いましょう。
誰に相談できますか?

▲

二 あなたの大事な原理原則を言葉にすると、
どのような言葉になりますか?

▲

初 変化をチャンスととらえ、挑戦しましょう。
どのような挑戦ができますか?

18

山風蠱《さんぷうこ》

家も組織も腐敗する時。
一気に、大胆に、徹底的に、
大掃除してきれいにしよう。

[さんぷうこ]

人と同じく、家も組織も生き物なので、腐敗します。
腐敗を一掃して快適に生きることが「腐敗の徳」です。
整理、整頓、清掃をはじめれば、腐敗に気づきます。
自分にこそ責任がある意識で、率先して取り組みましょう。
「それは上の問題だ」という逃げの態度では人望を失うだけでなく、
そのうち自分自身が「腐敗のタネ」になるでしょう。
早くそれに気づかなければ、自分ごと一掃される運命に陥るのです。

「腐敗の徳」

によって変化を生むための6つの問い

上 あなたが「腐敗の種」にならぬうちに、
成果を次の人たちに譲りませんか?

▲

五 大きな成果が見えたら、
任せられる次の人を選びましょう。誰ですか?

▲

四 取り組みが中途半端になっていませんか?
あなたが逃げればすべて台無しになります。

▲

三 大きな問題の解決にも辛抱強く挑戦しましょう。
やり遂げられますか?

▲

二 腐敗一掃のため、どのように周りを巻き込みますか?
柔軟な対応が求められます。

▲

初 腐敗を一掃するために、何から取りかかりますか?
問題は小さくても、油断禁物です。

19

地《ち》沢《たく》臨《りん》

希望に臨んだ船出は、
心を一つに協力して進めるか
どうかで結果が決まる。

「咸臨丸《かんりんまる》」

明治維新に臨み、勝海舟を船長としてアメリカを目指した船の名は
この卦から取られました。
希望があれば、それに臨んで皆の心が一つになる。
それが「希望の徳」です。
皆に希望があり、あなたに期待が集まる。
意見が通る時にこそ、あなたの真価が表れます。
甘い気持ちを捨て、誠実さと真心をもって皆に接しなければなりません。
大事な想いを正しい態度に乗せて、希望に臨みましょう。

「希望の徳」

によって変化を生むための6つの問い

上 人情と誠の心が肝心です。
それを心して臨めていますか?

▲

五 自分を知り、相手を知る。
相手も自分も、正しく評価できていますか?

▲

四 仕事を任せられる人は誰ですか?
至誠が吉。任せたなら信頼しましょう。

▲

三 甘い姿勢で臨んでは良い結果になりません。
今、反省して変えられることは何ですか?

▲

二 信頼が厚ければ順調に進みます。
それにふさわしい態度がとれていますか?

▲

初 希望に燃えた船出に臨んで、
皆で心を一つにするために何ができますか?

20

風《ふう》地《ち》観《かん》

目に見えるものから観《み》えてくる、
見えないものを観よう。
そこに本質がある。

䷓

［ふうちかん］

「観る」とは、見えないものを「観る」ことです。
「大事なことは目に見えない」と言われる通り、
相手の表情やしぐさを見れば、気持ちまで観えてきます。
また、相手の普段のふるまいから、
今後の人生がどうなっていくかまで観えてくるものです。
この卦は「観光」の語源でもあります。
国を治める君主の徳がいかに輝いているかは、
その国の光としてはっきり観える、という意味なのです。

「観察の徳」

によって変化を生むための6つの問い

上　広く社会の課題に目を向け、観察することを、日々意識していますか?

▲

五　責任ある仕事を任された時こそ、生き様を振り返りましょう。改善点は何ですか?

▲

四　現状を広く深くとらえていますか?十分な観察のうえで行動をしましょう。

▲

三　自分の生き様を振り返り、今後の人生のあり方を見つめる習慣がありますか?

▲

二　悩みや迷いの表だけでなく裏も、そして先も観ていますか?

▲

初　目先のことだけでなく、本質を観る力を磨きましょう。何から学びますか?

21

火雷噬嗑《からいぜいごう》

罰がなければ
罪は繰り返される。
時には思いきって、罪を噛み砕こう。

人間は弱いので、悪事の誘惑に負けないでいることは困難です。
よって、ルールがなければ、社会の安心と安全は保てません。
ルールには、さらに裁く人が必要です。
指導者の立場になれば、罪を「噛み砕く徳」が求められます。
果たして、人を裁く資格が自分にあるのか？
それを深く考えて自らを省みることもまた、
「噛み砕く徳」の意義なのです。

「噛み砕く徳」

によって変化を生むための6つの問い

上 理不尽なことが起こっても、噛み砕きましょう。
自己反省の機会にしませんか?

▲

五 危険があっても最後までやり抜きましょう。
予期せぬ利益もあるのでは?

▲

四 苦労の大きい難事ほど得るものも大きい。
どこから手を着けますか?

▲

三 悪事を噛み砕けば毒に当たります。
慎重に対処するべき点はどこですか?

▲

二 悪事を裁くのに強気になりすぎてはいませんか?
慎重に確実な手順を踏みましょう。

▲

初 悪事に足を踏み入れていませんか?
人を裁くには、まず自分の身の潔白が必要です。

22

山火賁《さんかひ》

飾りは内面の輝きを際立たせるもの。
メッキが剥《は》がれ内面がさらされて、
恥をかくことがないように。

［さんかひ］

他者の評価に頼るうちは、自分を飾りたくなるものです。
中身が鉄なのに、金のメッキを貼りたくなるように。
装飾によって、目先の賞賛は得られるかもしれません。
美しいパートナーを飾りとして自慢したくなるかもしれません。
でも、自分を飾り立てる「メッキ」が剥がれたらどうなるでしょう？
飾りたいなら、それにふさわしい内面を充実させる。
それが「装飾の徳」です。
内面を磨き、自己評価ができるようになれば、
どんな飾りでも輝けるあなたになれるでしょう。

「装飾の徳」

によって変化を生むための6つの問い

上 究極の飾りとは、内面の輝きが映える無色透明です。
内面を磨いていますか？

▲

五 ケチではない、「質素倹約力」を身につけましょう。
浪費していませんか？

▲

四 飾らない出会いをしましょう。
控えめに内面を見せるには、何が必要でしょうか？

▲

三 あえて質素に、あなたの輝きを引き立てるには
どうすれば良いでしょうか？

▲

二 内なる輝きがなければ光りません。
内面の充実のために何ができますか？

▲

初 あり合わせで何とかできるようにしましょう。
あなたの飾らない良さとは何ですか？

23

山《さん》地《ち》剥《はく》

人は失うことでしか
大切なものを確かめられない。
あなたの人生の最後に
残したいものは？

［さんちはく］

この世で得たものはすべて、この世に返して死なねばなりません。
地位、名誉、財産……すべて現世の借り物でしかないからです。
この卦では、借り物の権力を「剥奪《はくだつ》」されていく王をたとえに、
真の自分の姿に向きあう「徳」が語られます。
「すべてを失った後に大きな実が残る」としたら、
あなたにとっての「大きな実」とは何でしょう？
それが、「立派に成長した宝のような自分」であって欲しいものです。

#「剥奪の徳」

によって変化を生むための6つの問い

上　正しく成長できていますか？
それなら災難すらもチャンスに転じます。

▲

五　災いの渦中にこそ真の自分が現れます。
誠実な自分を保てていますか？

▲

四　あなたに危険が迫っています。
避難できる道を確保できていますか？

▲

三　間違った関係が心配です。
正道とはいえない、悪い関係はありませんか？

▲

二　もめ事が心配です。
信頼関係を築くためにできることは何でしょうか？

▲

初　基本的な知識不足が心配です。
土台を固めるために学ぶべきことは何でしょうか？

24

地《ち》雷《らい》復《ふく》

つらい時はいつまでも続かない。
かならず帰る春を信じて
冬を耐え抜こう。

［ちらいふく］

『易経』の前向きさは、変化を「徳」だととらえる点にあります。
世の中は変化し続けるので、変化をチャンスとして行動すれば良い。
いくらつらい状況でも、「帰る徳」があるのです。
この卦は「正月が復《ま》た帰る」という縁起の良さから、
「一陽来復《いちようらいふく》」や「一陽来『福』」など、年賀状でも使われます。
「春はかならず来る」というエールが、人を勇気づけるからです。

「帰る徳」

によって変化を生むための6つの問い

上 天災は予測できなくとも、
その後の人災を避ける準備はできていますか？

▲

五 あなたの真面目さが、あなたを救います。
立ち帰るべき基本とは何ですか？

▲

四 場の空気に流されていませんか？
まずは一人でも正しい道に帰りましょう。

▲

三 あなたの手順は正しいですか？
目的が立派でもやり方が間違いなら、凶です。

▲

二 あなたの態度は正しいですか？
信頼を得られる立派な態度に改めましょう。

▲

初 後悔につながる悪事に手を染めていませんか？
正義に立ち帰りましょう。

25

天雷无妄《てんらいむぼう》

欲をかいて姑息《こそく》なことをしない。人や自然を信じて任せるほうが良いこともある。

［てんらいむぼう］

時には、自然の力を信じて任せる忍耐が良い結果を招きます。
われわれは不安になると、戦々恐々とし、軽挙妄動《けいきょもうどう》します。
そして、天災だけで済んだはずの被害に、さらに人災を重ねてしまうのです。
不安に負けてマスクを買い占め、米を買い占めるから、足りなくなる。
では、戦々恐々、軽挙妄動の反対とは何でしょう？
それは「泰然自若《たいぜんじじゃく》」。
作為よりも自然の力や人の力を信じる、大人《たいじん》の力です。

「泰然自若の徳」

によって変化を生むための6つの問い

上 欲をかきすぎてはいませんか?
正当な利益以上に得ようとすれば人災を招きます。

▲

五 慌てて余計なことをしていませんか?
間違った作為はかえって凶です。

▲

四 明日への準備ができていますか?
備えあれば憂い無しです。

▲

三 毎晩、反省できていますか?
反省がないと危険を招きます。

▲

二 ひとりよがりで進めていませんか?
他への影響まで視野を広げましょう。

▲

初 姑息なことをしていませんか?
小細工は我慢して、正攻法に徹しましょう。

26

山《さん》天《てん》大《たい》畜《ちく》

これまでの蓄積が花開く時。
もし蓄積が足りなければ
悲劇につながる。

［さんてんたいちく］

夢に向けて成果が大きくなれば、あなたの名が広まります。
他者の夢にも貢献できれば、協力者も増えて活躍の規模も広がるでしょう。
そこで問題になるのは、それまでの蓄積です。
多忙に耐える体力がなければ病気になり、
期待された能力がなければ失望され、
信頼関係がなければ裏切られ、
嘘や不正は糾弾《きゅうだん》され、
資金や人材が足りなければ、志半ばに倒れます。
自分に嘘をつかずに努力を重ねた人は、
それまでの蓄積によって、後悔なく自信をもって進むことができるのです。

「蓄積の徳」

によって変化を生むための6つの問い

上
努力を続けていますか？
これまでの蓄積が花開く時がやってきます。

▲

五
組織の束縛や、上からのプレッシャーに負けずに
蓄積を続けていますか？

▲

四
事のはじめには十分な注意を払いましょう。
蓄積を阻害する点は何ですか？

▲

三
今の努力が後に咲く花になります。
どんな努力を続けていますか？

▲

二
いったん休んで体力を整えましょう。
どこをメンテナンスするべきですか？

▲

初
十年先を観て、今すべき準備は何ですか？
蓄積を意識しましょう。

27

山雷頤《さんらいい》

生きるとは養われ、養うこと。
自分一人で生きていると
考えることこそ、凶。

☶☳

［さんらいい］

「養生《ようじょう》の徳」がなければ人は生きてはいけません。
われわれは保護者をはじめ、さまざまな存在に養われたおかげで、
ここまで生きてこられました。
恩返しのためにも、未来を維持するためにも、
自分も養う立場にならねばなりません。
皆の笑顔に祝福されて泣きながら生まれ、
皆の涙で惜しまれて笑いながら死ぬ。
そうした生き方を目指す人こそが、ブレない軸をもてるのです。

「養生の徳」

によって変化を生むための6つの問い

上 重圧を引き受ける気力がありますか?
あなたの力ならもっと多くの人を養えます。

▲

五 力不足はどの部分ですか?
目上を頼って、感謝しながら従いましょう。

▲

四 志に向け、虎視眈々《こしたんたん》と力をつけましょう。
あなたが養えるのは誰ですか?

▲

三 力をつけたら養う自覚をもちましょう。
どこから意識を変えますか?

▲

二 求める前に貢献しましょう。
どうしたら他者への貢献度を高められますか?

▲

初 他人に求めすぎていませんか?
養われている有難さに感謝しましょう。

28

沢《たく》風《ふう》大《たい》過《か》

負荷に耐え抜けば強くなる。
智《ち》慧《え》と工夫と品性で
重圧を乗りきろう。

［たくふうたいか］

重圧を受けた時に「本性」が現れ、
実力以上の利益を得た時に「品性」が現れるものです。
その真の姿が周りに明らかになると、信頼関係にも影響します。
そのために、「本性」と「品性」をどれだけ磨いておけるかが肝心です。
しかしながら、重圧には徳もあり、
うまく乗りきれば、一皮むけた成長が得られるでしょう。
重圧に向けて「本性」と「品性」を磨き、重圧を受けてさらに磨く。
この繰り返しが、あなたの人格と信頼関係を輝かせるのです。

「重圧の徳」

によって変化を生むための6つの問い

上 失敗の恐れがあるからこそ、
挑戦するあなたが輝くのではありませんか？

▲

五 浮かれるような成功の時にこそ慎み深さが輝きます。
あなたはどうですか？

▲

四 よそ見は禁物です。
初志貫徹の障害になっていることは何でしょうか？

▲

三 人生の踏ん張りどころです。
重みに耐え抜くために何を準備しますか？

▲

二 将来を見据えて、次世代と信頼関係を築きましょう。
それは誰ですか？

▲

初 混乱があっても柔らかく受けとめましょう。
どのような態度が正しいですか？

29

坎《かん》為《い》水《すい》

修羅場ではまず身を守り、心を守ろう。耐え抜けば経験値が上がる。

もうだめだ、逃げてしまいたい。でも逃げることもできない。
そのような時、まずは身を守りましょう。
地震や津波より、その後の火災など二次被害のほうが大きいものです。
理不尽な批判や濡れ衣など、人間関係もまた同じ。
天災は避けられなくとも、その後の人災は避けられます。
次に心を守るべく、「これは修羅場経験だ」と唱えましょう。
苦難は決してムダにはなりません。
「修羅場経験」が「一皮むけた成長」をもたらすからです。

「修羅場の徳」

によって変化を生むための6つの問い

上 困り果てた時こそ、学びが得られるはず。
今得られる学びは何ですか?

▲

五 ピンチでも落ち着いて状況を観ましょう。
どこに活路がありそうですか?

▲

四 質素でも、お礼を忘れないようにしましょう。
誰に何を感謝しますか?

▲

三 うまくいかなければ次を考えましょう。
どこにチャンスがあるでしょうか?

▲

二 意志あるところに道は開けます。
成果のために、今すべき挑戦とは何ですか?

▲

初 この先には落とし穴がありそうです。
今から備えられることは何ですか?

30

離《り》為《い》火《か》

自分を磨き、輝きを放とう。
他者の喜ぶ顔に、
きっとあなたの成長が観える。

［りいか］

火が極まれば光になります。
困難を象徴する水とは逆に、
火は世を照らし、人を助け、輝かせます。
「光の徳」を身につけ、輝きましょう。
「輝き」とは性格の明るさであり、明晰な智慧であり、世に尽くす高い志です。
たとえ自分では見えなくとも、意識することで磨き続けられます。
そうすればいつか、相手の笑顔や羨望《せんぼう》のまなざしから、
あなた自身の輝きが観えるようになるでしょう。

「光の徳」

によって変化を生むための6つの問い

上	弱い者いじめは禁物です。 あなたを輝かせる寛大さとは何でしょう?
▲	
五	苦労の数だけ謙虚でいましょう。 経験豊富な人の助けを得られませんか?
▲	
四	輝きを損なう危険が迫っています。 安全を確保して対策を立てませんか?
▲	
三	年齢を理由に遠慮していませんか? 歳を重ねるほど明るさを増しましょう。
▲	
二	あなたの明るさが誰かを救います。 誰を救いましょうか?
▲	
初	小さなことにつまずきそうです。 慎重に進めるために何を準備しますか?

31

沢《たく》山《さん》咸《かん》

恋愛も交渉も感受性。
相手の発信に気持ちよく反応し、
最後には感動を与えよう。

［たくさんかん］

感じて欲しいことを相手が感じてくれない。
そんなもどかしい時があります。
こちらの言外の投げかけに、できれば気持ちよく反応して欲しい。
相手だって、同じことを感じています。
感じて欲しいことを感じてくれる相手には、愛を感じるものです。
相手の気持ちを汲《く》んで反応し、
最後に感動を与えられれば、
恋愛も交渉もきっとうまくいきます。

「感受性の徳」

によって変化を生むための6つの問い

上
口先だけのやりとりになってはいませんか?
話は裏も読みましょう。

▲

五
感受性が鈍ってはいませんか?
周囲からの期待の大きさを知りましょう。

▲

四
大事と小事の区別をつけられていますか?
小事にこだわるのは小人《しょうじん》です。

▲

三
甘い話に軽率に乗ってはいませんか?
利は正しいことの積み重ねです。

▲

二
感じるままに動いてはいけません。
慎重にすべき行動とは何でしょう?

▲

初
感受性を磨きましょう。
今感じている、未来の予兆はどんなものですか?

32

雷《らい》風《ふう》恒《こう》

台風でもブレないのは
柳のような柔軟性。
折れないしなやかさを携《たずさ》えよう。

［らいふうこう］

たとえ平凡なことでも続けることで「恒久《こうきゅう》の徳」が得られます。

「古いものを大切に究《きわ》めて新しい発見があれば、人の師となる」（孔子）

親や教師、組織のリーダーには、根気の良さとブレない姿勢が期待されます。気持ちがコロコロ変わるようでは、周りがついて来られないので成果は出ず、だからこそ信用も得られません。

どっしりと落ち着いた人の周りに人が集まるのは、一緒にいると安心できるからです。

「恒久の徳」

によって変化を生むための6つの問い

上 動揺して周りを振り回していませんか？
落ち着いて悪化を抑えましょう。

▲

五 頑固すぎるのもマイナスです。
現場の変化に柔軟に適応していますか？

▲

四 見込み違いで成果が見られない部分について、
改善のために行動できますか？

▲

三 気持ちをコロコロ変えては信用を失います。
あなたが続けたい大事なことは何ですか？

▲

二 ブレない方針をもっていますか？
「継続は力」で根気よく進みましょう。

▲

初 最初からいきなり深入りしていませんか？
正しい手続きを踏みましょう。

33

天《てん》山《ざん》遯《とん》

隠《いん》遁《とん》こそ身を守るための上策。
引くと決めたら、
きっぱり潔《いさぎよ》く引こう。

［てんざんとん］

「逃げる」も「身を引く」も同じく「隠遁の徳」という智慧です。
避難と退却と引退の共通点を、考えてみましょう。
いずれも変化の時をぐずぐずと見誤れば、わが身を危険にします。
その失敗を引き起こす原因は、いずれも「未練」です。
「逃げられない」のも「身を引けない」のも、同じく人間の弱さです。
「隠遁の徳」とは、目先の欲に負けて人生を大損しないための智慧なのです。

「隠遁の徳」

によって変化を生むための6つの問い

上 花道を去る覚悟をしていますか？
悠々自適《ゆうゆうじてき》の品性で身を引きましょう。

▲

五 引くべきところから、潔く身を引いていますか？
それができれば吉です。

▲

四 大事と小事の区別がついていますか？
大事なものを見失うことこそが凶です。

▲

三 危機管理は決断が肝心です。
今、思いきるべきことは何ですか？

▲

二 準備の完成度をさらに上げましょう。
何から取り組むのがいいですか？

▲

初 危機管理はできていますか？
身を守る準備と反省を習慣化しましょう。

34

雷《らい》天《てん》大《たい》壮《そう》

勢いばかりで自制できないのは、
暴走車と同じ。
敵にも利用されやすく危険。

多くの人がかかわる仕事には、勢いがつきます。
勢いは良いことですが、それもすぎれば危険です。
危険を伴わない勢いとは？
それは「自制（ブレーキ）の徳」の範囲内であること。
ブレーキの性能が良くなれば、それだけ安心してスピードが出せます。
野心をもつにも、その大きさに見合った自制心が必要なのです。
また、野心は敵に利用されやすいものなので、一層注意が必要です。

「自制の徳」

によって変化を生むための6つの問い

上 障害があるなら自制しましょう。
何から再検討すべきですか？

▲

五 「去る者は追わず」です。
失って見えた、大事なことは何ですか？

▲

四 進めそうな道は見つかりましたか？
確実に進める道を探しましょう。

▲

三 勢い任せでは周りが不安になります。
どうすればより信頼が得られるでしょう？

▲

二 野心が逆効果になってはいませんか？
現状維持の誠実さが信頼を得ます。

▲

初 実力以上に気ばかり焦ってはいませんか？
まずは力をつけましょう。

35

火地晋《かちしん》

進む資格があるなら進もう。
進むことによって
見えてくるものがある。

ブレーキをうまく利かせられるようになったなら、勢いよく進みましょう。
進めば得られるものがあり、進むことで見えてくるものもあります。
それが「推進《すいしん》の徳」です。
進むには準備も必要で、多くの助けが欲しいところです。
そこで重要なのは「志」です。
目的が立派か、信頼関係があるか、そしてあなたに誠意があるか。
仕事にどれだけのスピードが出せるかは、「あなたの志」次第なのです。

「推進の徳」

によって変化を生むための6つの問い

上　弱い者いじめになっていませんか？
心を広く、冷静に対処しましょう。

▲

五　手が届かないとあきらめていませんか？
自信をもって進みましょう。

▲

四　強欲な気持ちで進むのはやめましょう。
行動を見直すならどの点ですか？

▲

三　仲間との信頼関係は築けていますか？
助けを得て、思いきり進みましょう。

▲

二　心配ごとは何ですか？
意外なサポートもありそうなので勇気を出しましょう。

▲

初　思うように進めないうちは準備に徹しましょう。
今できることは何ですか？

36

地《ち》火《か》明《めい》夷《い》

夜明け前が一番暗い。
報われない中に夜明けの兆しを
観る者こそが賢者。

［ちかめいい］

賢明さとは、苦しい時でも「変化の法則」を信じ、冷静さを保つことです。
変化の循環の中には、かならず闇の時期があります。
しかし、闇は深まれば深まるほど、夜明けもまた近づくのです。
賢者ならその兆しを知り、我慢して変化の時を待つ。
それこそが智慧の深さであり、「夜明け前の徳」なのです。

「夜明け前の徳」

によって変化を生むための6つの問い

上 今ならまだ間に合う改善点はどこですか？
力頼みは危険です。

▲

五 「能ある鷹は爪を隠す」。
強い敵や大きな危険に対してどう対応しますか？

▲

四 うまい話には裏があるもの。注意しましょう。
安全は確保できていますか？

▲

三 焦りすぎてはいませんか？
目的を再確認し、計画を立て直しましょう。

▲

二 傷ついた時こそ本当の味方がわかるはず。
誰が味方してくれそうですか？

▲

初 目上のアドバイスを聴いていますか？
闇の後に夜明けはかならずやってきます。

37

風《ふう》火《か》家《か》人《じん》

家こそ基盤。
家に必要な手間をかけ、
乱れを整えて豊かな場所にしよう。

家やホームグラウンドは、あなたが帰る場所。
疲れた身体と心を癒し、ベストな状態で明日に臨むための基盤です。
基盤となる場所をつねにきれいで快適にして、
一緒にすごす家族や仲間との良い関係に、多くの時間を費やしましょう。
手間をかければかけるだけ、それは良いものになります。
それがあなたの周りの人びとの心を豊かにし、
あなたの人生も豊かにしてくれることでしょう。

「家庭人の徳」

によって変化を生むための6つの問い

上	あなたの真心と威厳が、万事をうまく運びます。 何に注意して行動しますか?

▲

五	家も職場もあなた次第。 改善に巻き込めるのは誰ですか?

▲

四	手間はかけるほど、人の心を豊かにします。 あなたはどこに手間をかけますか?

▲

三	行きすぎたルールはありませんか? 皆で見直しましょう。

▲

二	家や職場でのあなたの役目を果たしていますか? 役目を果たすことが人生の土台になります。

▲

初	まずは家や職場の乱れをきれいにしましょう。 何から取りかかりますか?

38

火《か》沢《たく》睽《けい》

相手と揉《も》めたら
傾聴して本心を聴き出そう。
握手のきっかけがきっと見つかる。

長く一緒にいれば内輪揉《うちわも》めも起こります。
その時こそ、「人間としての出来」が明らかになります。
内輪のことだけに、うわべだけの対応では解決できないからです。
万事に行き違いが増えて、スムーズに事が運ばなくなったらどうするか？
とにかく、傾聴です。
まずは内部に目を向け、皆の言いぶんを聴いて、状況を理解しましょう。
そして対立が小さいうちに対処し、調和を図るのです。

「傾聴の徳」

によって変化を生むための6つの問い

上 疑心暗鬼になっていませんか？
過去は水に流し、解決を優先させましょう。

▲

五 皆と親しみ協力しつつ解決しましょう。
あなたから相手に歩み寄りませんか？

▲

四 対立や孤立があっても理解者はいるはず。
穏やかに傾聴できていますか？

▲

三 たとえ苦労や誤解が多くても、
真摯に皆の意見を傾聴できていますか？

▲

二 きちんと相手と相談しましたか？
解決策は意外なところに見つかります。

▲

初 「裏切られた！」などと、
一方的に相手が悪いと決めつけていませんか？

39

水山蹇《すいざんけん》

絶望的な状況を想定した危機管理を。反省を先にすれば「想定外」はない。

絶望的な状況に陥った時に、どんな自分が現れるか？
まさにあなたの成長の蓄積と、磨き上げた心根の真価が問われる時です。
生きているうちの苦難はすべて、反省のチャンスです。
絶望的な状況に陥る前に、危機管理をしましょう。
人は弱いので、良い状況では欲をかいて、苦難を忘れがちです。
未来への準備と成長を確認するために、苦難は訪れるのです。

「絶望の徳」

によって変化を生むための6つの問い

上	相談できる有識者はいますか？ それが突破口になり、救いになるはずです。
▲	
五	大いに悩めば協力者が現れます。 誰と信頼関係が築けていますか？
▲	
四	あなた一人で進み続けますか？ 仲間との協力を優先させましょう。
▲	
三	ただ進むなら、悩みだけが増えるかもしれません。 守るべき一番大事なことは何ですか？
▲	
二	人のために献身的に働きましょう。 あなたにできることは何ですか？
▲	
初	絶望的な状況にどう対応しますか？ 進めば悩み、退けば賞賛される時もあります。

40

雷《らい》水《すい》解《かい》

雪解けの時が来る。
変化の方向性を見極め、
臨機応変に対応しよう。

［らいすいかい］

この世に永遠のものはなく、固まっていたものはいずれ解けます。
そんな変化に、あなたの決断力が問われます。
グズグズしていたら、チャンスもピンチに変わってしまうのです。

どうすれば変化にうまく対応できるか？
過去にこだわらず、固定観念を捨て、変化の方向性を見極めましょう。
困難の渦中なら脱出の糸口を探し、
対立があるなら雪解けのチャンスを探りましょう。
でも油断は禁物。
あくまで柔軟かつ臨機応変に事を運びましょう。

「解の徳」

によって変化を生むための6つの問い

上 油断してはいませんか？
強硬手段を用いてでも敵をはねのけましょう。

▲

五 私情に流されていませんか？
正しく評価し、ベストなパートナーを見つけましょう。

▲

四 勇気をもって悪い関係を断ちましょう。
大事なパートナーが他にもいるのでは？

▲

三 実力に合わないふるまいは危険です。
分不相応なことをしていませんか？

▲

二 あなたが頑張っていることは何ですか？
継続すればきっと、吉兆があります。

▲

初 慎重に物事を進めていますか？
目上のアドバイスに従い、援助を求めましょう。

41

山《さん》沢《たく》損《そん》

自分の損は、他者の得。
目先の損は、未来の得。
視野の広さこそが財産。

［さんたくそん］

「道理」を知る大人《たいじん》は、判断がブレません。
「道理」とは、この世を動かす秩序です。
善行はいつか報われ、悪行はいつか報いを受ける。
自分のぶんを減らして、仲間のぶんを増やす。
目先の出費を、将来への投資に変える。
目先の損得に惑わされず、人や未来のために今できる投資をしましょう。
迷うくらいなら目先の損を買って出る「損の徳」が、
結局は後悔を減らすのです。

「損の徳」

によって変化を生むための6つの問い

上	善行を積んでいますか？ この上ない協力が得られるはずです。
▲	
五	地道に寄付や未来への投資をしていますか？ それが報われる日が来ます。
▲	
四	障害を速やかに取り除きましょう。 どこから取りかかりますか？
▲	
三	一人でも取り組む覚悟はありますか？ 欲張らずに目標を絞りましょう。
▲	
二	全体最適で考えていますか？ 損を引き受けたとしても、損には終わりません。
▲	
初	周囲の状況は見えていますか？ 進んで損を引き受けましょう。

42

風《ふう》雷《らい》益《えき》

本当に欲しいものは何か、
それを早く知ろう。
人生を間違えないために。

［ふうらいえき］

良い時が続けば慢心し、本性を露《あら》わにしてしまうのが人間の弱さです。
あなたが感謝を忘れず、誠意を示すなら、悪い時にこそ助けがあります。
反対に、私利私欲で奪うばかりなら、その報いを受けることになります。
あなたが本当に欲しいものは何ですか？
それをできるかぎり絞り込めれば、他のものなど喜んで譲れるはず。
自業自得の結果を社会があなたに教えてくれる、それが「公益の徳」です。

#「公益の徳」

によって変化を生むための6つの問い

上 私利私欲にとらわれてはいませんか？
共存共栄が未来への希望です。

▲

五 関係者への誠意は十分ですか？
信頼関係があなたの未来の強みになります。

▲

四 より大きな提案ができるのでは？
あなたにはその力があります。

▲

三 仕事を通して学びましょう。
目の前の仕事に必要なことは何ですか？

▲

二 成果が見られるのはどの部分ですか？
成長を後押ししてくれた先輩方に感謝しましょう。

▲

初 成長を実感していますか？
それなら大仕事を引き受けても大丈夫です。

43

沢《たく》天《てん》夬《かい》

大きな変化における
決断のためには、日頃からの
信頼関係が重要になる。

［たくてんかい］

巨大なダムが決壊するように、
一つの時代が終わろうとする時には、大きな波が起きます。
波に飲まれないよう、
的確に、迅速に、慎重に、
一つひとつの決断に向き合わなければなりません。
最終的に頼れるのは、それまでの信頼関係です。
「決壊の徳」を想定して、
いざという時のために信頼関係をつくっておきましょう。

「決壊の徳」
によって変化を生むための6つの問い

上 助けを求めたくなる危機を想定していますか？
普段から周囲に心を配っておきましょう。

▲

五 問題は元から断ちましょう。
あなたにそれを断行できる正しさはありますか？

▲

四 あなたの立場が定まらず不安な時こそ、
他者の忠告に従いませんか？

▲

三 たとえ疑われることがあっても、
毅然《きぜん》と胸を張れる行動ができていますか？

▲

二 叫びたくなる危機にも、準備がものをいいます。
あなたの準備は万端でしょうか？

▲

初 意気込みだけで進んでいませんか？
止まる冷静さも思い出しましょう。

44

天風姤《てんぷうこう》

大人《おとな》の恋は慎重に。勢いよりも知性を。

［てんぷうこう］

「女難」も「小悪魔」も結局は自業自得《じごうじとく》。これが真理です。
危険な恋にしくじる失敗について、人間は紀元前から進歩がありません。
男女平等の現代では、性別に関係ない教訓です。
正しい恋愛は、対等な関係にあります。
地位を利用して年若い相手に夢中になるのは、みっともないうえに危険です。
大人《おとな》の恋は、冷静に慎重に。
他者の意見も聴きながら、ハートだけでなく頭でも考えましょう。

「冷静の徳」

によって変化を生むための6つの問い

上 正しい生き方はできていますか？
醜《みにく》い色恋沙汰《いろこいざた》は家族や仲間にとっても恥です。

▲

五 大人《おとな》の対応ができていますか？
子どもっぽさは周囲の信頼を失います。

▲

四 それは本当に対等な愛情ですか？
相手の気持ちを確かめましょう。

▲

三 危険な恋に進もうとしていませんか？
進めばかならず痛い目に遭います。

▲

二 一時の欲望に負けてはいませんか？
品性の輝きを取り戻しましょう。

▲

初 若さを武器にしすぎていませんか？
争いを生むようなら、凶です。

45

沢《たく》地《ち》萃《すい》

人が群れれば何かが起こる。
出しゃばりすぎず、
人望のある若手にも頼ろう。

「群れる」ことは食欲や性欲と同じく、人の本能として挙げられます。

人の集まる場で強い快感に浮かれやすい「群集心理」には、注意が必要です。

一方で、それが大きなエネルギーになることも確かです。

「集める徳」を発揮するには、

「リーダーシップやファシリテーションを学んで、集団活動を成功に導く」

「有識者に相談してしっかり段取りする」

「人望のある若手も巻き込んで、彼らに思いきって頼る」

など、謙虚な準備の姿勢が肝心です。

「集める徳」

によって変化を生むための6つの問い

上
孤立無援になる恐れはありませんか？
行動を振り返り、周りとの関係性を修復しましょう。

▲

五
反対者がいても貫き通せるくらい、
正しい努力を続けられていますか？

▲

四
人が集まって気が大きくなっていませんか？
強欲と高慢を慎み、冷静さを保ちましょう。

▲

三
嘆きが悪循環になっていませんか？
明るい気持ちで進みましょう。

▲

二
出しゃばりすぎてはいませんか？
人を立てて自分は裏方に徹しましょう。

▲

初
一人で焦りすぎでは？
失敗も一緒に笑えるような同志を探しましょう。

46

地《ち》風《ふう》升《しょう》

順調な平時こそ落とし穴がある。
ゆったりと慎重に、
余裕をもって改善を続けよう。

［ちふうしょう］

すべてが順調に見えて有難い時でも、
陰陽思想で考えれば、裏にある落とし穴にも目を向けねばなりません。

順調すぎれば考えも甘くなり、当初の志を忘れてしまう。

乗り越えるべき障害がなければ、体質が弱いまま仕事だけが大きくなってしまう。

そうした落とし穴を避けるには、

「皆で志を共有し直す」「問題を見逃さず改善を進める」

「有識者から学ぶ」「次世代を引き立てて育成する」

などの謙虚な努力が必要です。

「平時の徳」

によって変化を生むための6つの問い

上 順調すぎて脇が甘くなってはいませんか？
皆で振り返りをしましょう。

▲

五 一歩一歩着実に、目標に近づいています。
助けてもらえる存在はいますか？

▲

四 周囲との信頼関係は築けていますか？
控えめに誠意を示しましょう。

▲

三 障害が足りないと、体質が弱くなります。
あえて改善すべき点はどこですか？

▲

二 質素倹約が吉です。
どのような出費から抑えるべきですか？

▲

初 先輩とも志を共有していますか？
スタートこそ謙虚に教わりましょう。

47

沢《たく》水《すい》困《こん》

苦あれば楽あり。
困窮の経験は
かならず将来の財産になる。

［たくすいこん］

「楽あれば苦あり」

順調な時こそ、次の困窮も考えておかねばなりません。

ふさげどもふさげども水が漏れるような困窮の時には、どうすれば良いか？


困難を受け容れ、黙々と初心を貫く。

言い訳や弁解、ムダ遣いは差し控える。

困窮の時にこそ、品性が輝きます。

「窮《きわ》まれば変《へん》ず」

困難の窮みに至ってこそ、出る智慧があるはずです。

そしていつかは「苦あれば楽あり」。

それが「困窮の徳」なのです。

「困窮の徳」

によって変化を生むための6つの問い

上 「反省すれども後悔せず」。
苦しみの中だからこその発見はありませんか？

▲

五 苦難の中だからこそ、
感謝すべき相手が見えてきませんか？

▲

四 焦りすぎてはいませんか？
救いの神はかならず現れます。笑顔で待ちましょう。

▲

三 耐え忍ぶ今こそ反省の時。
次に向けて見直すべきことがありませんか？

▲

二 もう少し我慢を続けませんか？
頑張る人のもとには、助ける人が現れるはずです。

▲

初 今の状況が苦しいですか？
耐え忍ぶことが未来の楽につながります。

48

水《すい》風《ふう》井《せい》

「井戸の陰徳」に学べば、
自然と周りに
人が集まるような人になる。

［すいふうせい］

井戸には人が自然と集まります。
なぜでしょう？

生きるのに必要な水が手に入るからです。
しかし、そのためには陰ながらのメンテナンスが必要です。
誰がそれをやるべきでしょう？

「あなたがやりなさい」と『易経』は教えます。
井戸の姿にならって根気よく、静かに、陰日向なく、地道な努力を続ける。
陰徳は、人を惹《ひ》きつける計り知れない力を秘めているのです。

「井戸の陰徳」

によって変化を生むための6つの問い

上	利益を独占していませんか? 人望の井戸を広げ、陰徳を積みましょう。
▲	
五	人のために頑張っていますか? それがあなたへの大きな恵みとなります。
▲	
四	努力が結果につながらないと悩んでいませんか? 続けるのが吉です。
▲	
三	努力を続けていますか? あなたの理解者はかならず現れます。
▲	
二	浪費をしていませんか? 出るものが多ければ、未来への貯金が減ります。
▲	
初	あなたの人望も志次第です。 どのような陰徳が積めますか?

49

沢《たく》火《か》革《かく》

改革とは他者を変えることではない。あなたこそが鮮やかに変わって見せよう。

改革が必要なのに進まない時。
そんな時にすべきことがあります。
まずは、「機」をつかむこと。
周到な準備と、皆が納得してついてきてくれる機運の高まりが必要です。
次に、あなたの正当性、そして実行への大胆さと根気強さが求められます。
そして、「君子《くんし》豹変《ひょうへん》す」。
今では裏切り者の意味に使われていますが、
『易経』は、「改革者自身が鮮《あざ》やかに変わる美しい徳」であると伝えます。

「改革の徳」

によって変化を生むための6つの問い

上 皆はついて来られていますか？
改革の自然な定着には、時間が必要です。

▲

五 多数の支持が得られていますか？
それならば成功し、賞賛されるでしょう。

▲

四 心配された問題は解消できましたか？
誠意をもって実行しましょう。

▲

三 一人だけ先走っていませんか？
改革までには何度も相談が必要です。

▲

二 果敢に行動できるだけの準備はそろいましたか？
準備を尽くして焦らず進みましょう。

▲

初 成果を焦りすぎでは？
改革には、周到な準備と秘密厳守が必要です。

50

火風鼎《かふうてい》

体制の安定には調和が必要。
ただし、三角関係にならぬよう、
要注意。

［かふうてい］

改革を成し遂げた後、安定した体制に仕上げるには、
「三角構造」が一番強いといわれます。
ただし、それは「三角関係」に陥りやすい構造でもあります。
安定をもたらすには、皆で支える「志」の公明正大さが必要です。
個人の損得よりチームの利益、さらには社会への貢献をゴールに掲げましょう。
そうすれば、身近な協力者との信頼関係が強い基盤になり、
ライバルさえも味方に引き込めるかもしれません。

「調和の徳」

によって変化を生むための6つの問い

上 協力して仕上げに臨んでいますか？
堅実に有終の美を飾りましょう。

▲

五 人の意見をしっかり聴きましたか？
それなら立派な形になるでしょう。

▲

四 協力者との連携は大丈夫ですか？
ミスが大事に至る恐れがあります。

▲

三 一方的に相手を攻めてはいませんか？
敵であっても温和な対応を。

▲

二 障害が気になりますか？
問題をあなどらず、慎重に行動しましょう。

▲

初 まずは皆で職場をきれいにしましょう。
どこから取りかかりますか？

51

震《しん》為《い》雷《らい》

怒りのエネルギーに耐えよう。
天災は防げずとも、
その後の人災は防げるはず。

恐ろしいものとして、雷は天の怒り、地震は大地の怒りなどと言われます。
自然の生きるエネルギーは、時に破壊的な暴走を見せるのです。
われわれ人間の怒りも同様です。

「怒りはやがて消える。しかし、怒りに任せて戦い、死んだ人は戻らない」(孫子)

天災も怒りも、被害を生みます。
しかし、あなたが天災にも怒りにも負けず、冷静に耐えぬけば、
その後の人災まで引き起こすことはないはずです。

「怒りの徳」

によって変化を生むための6つの問い

上 動揺したまま行動してはいませんか？
いったん止まって冷静になりましょう。

▲

五 大切な行事に十分な備えができていますか？
天災はつねにあり得るものと想定しましょう。

▲

四 怒りに任せて破壊していませんか？
どうにもならないことなら、笑ってあきらめましょう。

▲

三 いざという時に慌てていませんか？
後で笑われないようにしましょう。

▲

二 危機管理はできていますか？
すべてを失わぬように予防をしましょう。

▲

初 怒りに我を忘れていませんか？
冷静でなければ、良い考えは浮かびません。

52

艮《こん》為《い》山《さん》

「止《とど》まる徳」があなたの考え方に
深みと重みを与え、
エネルギーを蓄える。

［こんいさん］

大人《おとな》になるにつれ、考え方に「深み」や「重み」も求められます。
「深み」とは、物事の表面だけでなく、裏や逆、両立も踏まえることです。
仕事と生活、協調と競争、自律とコントロールなど、
一見、相反するように見えても、実は切っても切れないものがあります。
大事なものを捨てて後悔しないよう、深く考えねばなりません。
「重み」とは、「25天雷无妄《てんらいむぼう》」と同じく「軽挙妄動ではなく泰然自若」で、
「止まるべき時に迷わず止まれる徳」のことなのです。

「止まる徳」

によって変化を生むための6つの問い

上 仕上げに満足していますか？
自分の進退こそ、自分で決めましょう。

▲

五 言っていることは正しいですか？
慎み深い言葉使いを心がけましょう。

▲

四 嫌な役回りから逃げていませんか？
陰徳を積む勇気をもちましょう。

▲

三 あなたのブレない軸は何ですか？
周りに言葉と態度で示しましょう。

▲

二 不快さゆえに、動き回ってはいませんか？
どっしり座って考えましょう。

▲

初 慌てふためいていませんか？
いったん足を止め、止まる勇気をもちましょう。

53

風山漸《ふうざんぜん》

大きな成果は、
着実な段取りと堅実な継続から。
そこにこそ美は宿る。

次の「54雷沢帰妹《らいたくきまい》」との対比で、運命の明暗が説かれます。
『易経』では、紀元前の王家の幸せな結婚にたとえています。
想像してみてください。
正しい相手と、正しい順序で結ばれた結婚ならば、
根を深く広く張った大木のように、
周りが夫婦をしっかりと支える、幸せな構造ができあがります。
さらにそれに習う次の世代にも、夫婦の姿が美しい希望となります。
当人のみならず周りへの影響もある重大事は、何より順序が大事なのです。

「順序の徳」

によって変化を生むための6つの問い

上　あなたの周到な準備が実を結びます。
有終の美に至るための課題は何でしょう？

▲

五　場違いの所に来て、妨害を受けていませんか？
あなたの正しさが吉。間違いは改めましょう。

▲

四　立場の不安定さが不安ですか？
あなたの準備が吉です。

▲

三　新しい居場所は不安ですか？
まずは災害の予防に徹しましょう。

▲

二　安住の地は見つかりましたか？
仲間と仲良く、食事でも楽しみましょう。

▲

初　慎重に行動していますか？
初心者には危険が一杯です。

54

雷《らい》沢《たく》帰《き》妹《まい》

悔しい時こそ本性が現れる。
後から来た人に道を譲れる
品性が、吉。

［らいたくきまい］

前の「53風山漸《ふうざんぜん》」とは違い、順序を誤った結婚が不幸を呼ぶような状況です。
本来の相手を出し抜く、花嫁より周りが良い着物を着るなど、
せっかくの慶事に影を落とす行動は慎まねばなりません。
根も張らない木は大きくなれず、枝葉もない木に花は咲きません。
目先の欲に負け、感情だけで突き進むのは大人《たいじん》とは言えず、
「品性に欠ける」から凶兆なのです。

「品性の徳」

によって変化を生むための6つの問い

上　欲しがりすぎではありませんか？
欲しがらない品性を輝かせましょう。

▲

五　扱いに不満がありますか？
見かけより中身、名よりも実を取りましょう。

▲

四　焦っていませんか？
品性を思い出し、じっくり待つのが吉です。

▲

三　欲に負けていませんか？
反対される理由があるなら改めましょう。

▲

二　不満を言いたいですか？
相手の悪い面に目をつぶることも、品性です。

▲

初　慎重に進んでいますか？
注意深く、大事に一歩一歩進みましょう。

55

雷《らい》火《か》豊《ほう》

豊かさをもたらす英雄でも、
成功すれば道徳を忘れ、
智慧が暗くなる。

あなたの努力が実を結び、豊かな実りの時がやってきます。
そのような時にこそ、やるべきことは何か？
まず、豊かな時はいずれすぎ去るので、長続きさせる工夫が必要です。
次に、自己満足と猜疑心《さいぎしん》も豊かになるので、注意せねばなりません。
稲が実れば、雑草も伸びます。
一方で、この豊かさは、自分の努力のおかげだとか、
他者の努力が不足しているとか、足を引っ張られているだとか、
そうした己の暗さこそが、豊かさの敵になるのです。

「豊かさの徳」

によって変化を生むための6つの問い

上	人に去られないよう、心を配りませんか？ あなたの誠意が吉です。
▲	
五	才能ある人の貢献を正しく評価し、感謝し、 労をねぎらっていますか？
▲	
四	あなたを助けて頑張ってくれている人を認め、 感謝できていますか？
▲	
三	痛い目に遭っていませんか？ 大怪我にならないよう、注意に注意を重ねましょう。
▲	
二	人間関係は良好ですか？ 苦労は多くても、誠意をもって接すれば吉です。
▲	
初	リーダーを支えられていますか？ 献身が未来の豊かさにつながります。

56

火山旅《かざんりょ》

海岸を見失っても進むほどの
覚悟がなければ、
新大陸の発見はできない。

［かざんりょ］

「可愛い子には旅をさせよ」の教訓は二つです。
旅は学びが多いこと、そして危険も多いこと。
旅人は警戒されやすく、かつ狙われやすいので、
初対面の人にも好かれる人格や、裏切られない智慧を身につけたいものです。
一方で、それこそが旅を通じて磨かれる点に難しさがあります。
旅は危険だからこそ、学びがある。
それだけに、思いきって旅に出れば得るものは多いのです。

「旅の徳」

によって変化を生むための6つの問い

上 「旅人としての節度」を忘れていませんか？
誠意があなたの身を守ります。

▲

五 旅は未来への投資です。
意義ある出費にひるんではいませんか？

▲

四 旅は自分の再発見。
不安になるたび、自分を振り返りませんか？

▲

三 旅は危険との背中合わせ。
万全の準備と慎重な行動はできていますか？

▲

二 最近、新しい出会いはありますか？
旅に出られるような蓄えをしましょう。

▲

初 あくせくしすぎて未来を見失っていませんか？
人生に旅の時間を入れましょう。

57

巽《そん》為《い》風《ふう》

軽快と軽薄《けいはく》、従うと阿《おもね》る、
柔軟さと薄情さ、
誠意とご機嫌取りを分別しよう。

［そんいふう］

「風」のイメージには功罪の両面があります。
従うべきものに誠意をもって、風のようにさわやかに従うのは徳ですが、
一方で、顔色をうかがいすぎてイエスマンになるのは、やりすぎです。
問題に対して、柔軟かつ軽快に対応できるのは徳であり、薄情は悪です。
そのような「似て非なるもの」を見極められる智慧があれば、
「風の徳」から柔軟さを学び、かつブレずにもいられるのです。

「風の徳」

によって変化を生むための6つの問い

上 従うべきものを間違えていませんか？
すべてを失う前に慎重に見極めましょう。

▲

五 「後始末より前始末」を心がけていますか？
前もった準備がものを言います。

▲

四 相手に協力できていますか？
自他の両立が吉です。

▲

三 面従腹背《めんじゅうふくはい》になってはいませんか？
ちぐはぐな行動があれば見直しましょう。

▲

二 「おっしゃる通りです」で済ませていませんか？
逃げで終わらず、積極的にいきましょう。

▲

初 ブレることを恐れていませんか？
攻めと守りにメリハリをつけましょう。

58

兌《だ》為《い》沢《たく》

自分のための喜びは小人《しょうじん》を救うが、
大人《たいじん》ならば、他者の喜びもなければ
救われない。

［だいたく］

喜びが重なったものが幸せです。
陰陽思想によると、人間には二面あり、
子どものように無邪気で未熟な「小人《しょうじん》」と、
立派な「大人《たいじん》」がつねに同居しています。
得をすればうれしくなる一方、それだけでは満足できないあなたもいるはず。
だからこそ、自分のための喜びだけでなく、他者の喜びにも目を向けましょう。
あなたの中の小人《しょうじん》と大人《たいじん》、両者の幸せを実現させるためには、
視座を高めるしかないのです。

「幸せの徳」

によって変化を生むための6つの問い

上	現状に慢心してはいませんか？ 地位を譲って次を考えましょう。
▲	
五	あなたの包容力の大きさは慎重であれば吉。 危機管理はできていますか？
▲	
四	誘惑に迷ってはいませんか？ 厳しくても正しい道を選びましょう。
▲	
三	目先の損得にこだわる人生こそ、大損です。 見失っているものはありませんか？
▲	
二	真心は人を動かします。 誰にどんな誠意を示しますか？
▲	
初	「和」が幸せにつながります。 まずは誰と調和し、親しみますか？

59

風《ふう》水《すい》渙《かん》

雪解けの水流が古いものを押し流す。それでもブレないものを見極めよう。

［ふうすいかん］

雪解けの水流が古いものを散らして、
上流から新鮮な土を運び込むことで、新たな大地が拓《ひら》ける時です。
陰陽思想でいえば、世界を動かすものは、混乱ではなく秩序です。
変わるものと変わらないもの、その両者を見極めねばなりません。
頼るべきは、変わらないものです。
変わらぬ志とともに、
激しい変化の中に変わらないものを見出す目をもちましょう。

「散らす徳」

によって変化を生むための6つの問い

上 安全な場所を探し、環境を変えましょう。
新たな居場所を確保できますか？

▲

五 環境が大きく変わる時です。
これまで準備してきたことは何ですか？

▲

四 変化に対応できていますか？
過去にこだわらず、大胆に行動しましょう。

▲

三 変化の不安に押し流されていませんか？
ブレない志を定めましょう。

▲

二 変化にとまどってはいませんか？
変化の中にあっても、基礎を固めれば安定します。

▲

初 悩みは何ですか？
力弱い未熟なうちは、強き人の援助を求めましょう。

60

水《すい》沢《たく》節《せつ》

大《たい》人《じん》に節目の節度あり。
硬い節目があるほど、
竹は美しく高く伸びる。

［すいたくせつ］

節度とは、ひけらかさない美です。
無力なようでいて、人に強い印象を残します。
竹の節は、硬く縮こまっていながらも、上へ上へと高く伸びる基点です。
全体を美しくしなやかに形づくるので、
絵にも描かれ、学びの対象ともなってきました。
大人《たいじん》には立派な竹のような節度があり、節目節目での成長を美しく示すもの。
まさに「節度の徳」の模範なのです。

「節度の徳」

によって変化を生むための6つの問い

上
過剰な節度を他人に求めていませんか？
度を越せば何でも毒になります。

▲

五
節度はあなたを魅力的にします。
竹以外にも、自然から学べることはありませんか？

▲

四
節度は品性です。
自分の行動を見つめ直す節目を設けていますか？

▲

三
快楽ばかりを追っていませんか？
未来のために、身近な改善点を見つけましょう。

▲

二
外の刺激を受けていますか？　節度は必要ですが、
閉じこもれば良いというわけではありません。

▲

初
節度を意識していますか？
むやみに動き回るより、振り返りが肝心です。

61

風《ふう》沢《たく》中《ちゅう》孚《ふ》

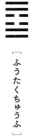

真心こそが相手に伝わる。
真心はあなたを裏切らない。

目先の損得勘定《かんじょう》に振り回される人生こそが、大損です。
損得勘定が凶なのは、変化することでブレるから。
また、他人から見れば扱いやすいために、悪意で利用されやすいから。

真心を軸にすれば、ブレない判断ができます。
真心とは自分に嘘をつかないこと。
母鳥が爪で卵を傷つけまいと大切に扱うように、
真心によって、相手からの信頼を大事に守る。
それがまた、「類は友を呼ぶ」。
真心ある人には、真心をもった仲間が集まるものです。

「真心の徳」

によって変化を生むための6つの問い

上 大それたことより、身の丈に合った取り組みを。
チャレンジに対して、今の力量は十分ですか?

▲

五 自己中心的になってはいませんか?
志を仲間と確認しましょう。

▲

四 あなたの大義（すべきこと）は何ですか?
しがらみより「大義の同志」が必要です。

▲

三 なぜあなたに敵がいるのですか?
欲を志に高めれば、敵もライバルに変わるはず。

▲

二 あなたが喜びを分かち合いたい人は誰ですか?
あたたかい声がけを心がけましょう。

▲

初 相手は信じられる人ですか?
であれば、あなたの真心を伝えましょう。

62

雷山小過《らいざんしょうか》

足るを知る者はつねに豊か。
「まだ足りない」の不満が
貧しさを生む。

［らいざんしょうか］

「足るを知る者は富む」

陰陽思想を哲学にまで高めた老子の言葉です。

天災の被害を笑う人はいませんが、強欲による人災ならどうでしょう。

天災の被害者には支援が集まりますが、欲張り者は批判されます。

それが豊かさと貧しさの違いであり、

その分かれ道が「知足《ちそく》の徳」です。

行きすぎたら戻って「足るを知る」。

それさえできれば、後悔は減るのです。

「知足の徳」

によって変化を生むための6つの問い

上 行きすぎていませんか？
天災の後の人災を防ぐ備えをしましょう。

▲

五 変化の予兆を感じませんか？
味方になってくれる人物を探しましょう。

▲

四 むやみに人を信じてはいませんか？
進む時には、慎重すぎるほど慎重に。

▲

三 悪い仲間と付き合っていませんか？
慎重すぎるほど身を慎みましょう。

▲

二 大事な人になかなか会えませんか？
伝手《つて》になる人をまず探しましょう。

▲

初 段階を飛ばそうとしていませんか？
階段を一段一段進みましょう。

63

水《すい》火《か》既《き》済《せい》

はじめたことはやり抜かねばならない。それで終わりのあなたではないはず。

やり抜いた先にこそ、達成感があります。
それが生きるエネルギーになります。
何でもはじめは楽しいので、
皆と仲良くできて、熱意をもって進めます。

思った通りにいかない時にこそ、真価が問われるものです。
小さな達成を仲間と認め合い、励まし合いながら進みましょう。
そのうえで、さらに高く目標をかかげ、チャレンジ精神を共有しましょう。
その先にこそ、皆で喜び合える本当の幸せが待っているのですから。

「やり抜く徳」

によって変化を生むための6つの問い

上	最後までやり切りましたか? 完徹が吉、詰めの甘さが凶です。
五	他者と比べて見栄を張ってはいませんか? 小さな達成も認め、質素でも誠実なお祝いを。
四	あなた自身が率先して対応しましょう。 解決すべき問題はありませんか?
三	不十分な成果でも次に進みましょう。 皆で共有すべき大事な目標は何ですか?
二	失ったものより、努力不足を気にしましょう。 不足している努力とは、どのようなことでしょう?
初	間違ったことをしていませんか? 後ろ向きの発想を、前向きに変えましょう。

64

火水未済《かすいびせい》

未完成こそが、「永遠の成長」という希望へとつながっていく。

[かすいびせい]

「永遠の未完成」が人生の理想形です。
そこには新しい発見があり、学びがあり、次の成長がある。
成長し続ければ世界も広がり、新しい仲間との出会いもある。
それが新たな希望にもつながっていきます。
その好循環がまた「01乾為天《けんいてん》」につながって、
成長を遂げたあなたとともに、新たな物語の幕が開くのです。

「未完成の徳」

によって変化を生むための6つの問い

上 支えてくれている人に感謝を示しましたか？
一緒に食事でも楽しみ、言葉や態度で伝えましょう。

▲

五 努力が結果に結びついてきましたか？
油断せず謙虚に努力を続けましょう。

▲

四 正しい行動を心がけていますか？
障害などに負けず、歩き続けましょう。

▲

三 迷いが消えたら気分転換しましょう。
次のチャンスまでにどのような準備ができますか？

▲

二 悩む時期にこそ、前向きに。
どのような計画が立てられますか？

▲

初 小さな問題を見落としていませんか？
放置せずに、今すぐ改善しましょう。

WORDS of EKIKYŌ
Life Gets Better

第二部

『易経』7つの教え

第一部では、『易経』の教えと問いを原典順に紹介しました。ただ、辞書として調べやすくとも、「読む本」としては読みづらいかもしれません。そのため、全体のポイントを7つのステップにまとめ直しました。7つのステップは、下から上へ後戻りなく、積みあげられていくイメージです。

・STEP① 視野を広げる
・STEP② 視座を高める
・STEP③ 智慧を深める
・STEP④ 勇気を出す
・STEP⑤ 誠を示す
・STEP⑥ 陰徳を積む
・STEP⑦ 志を立てる

図5　7つのステップ

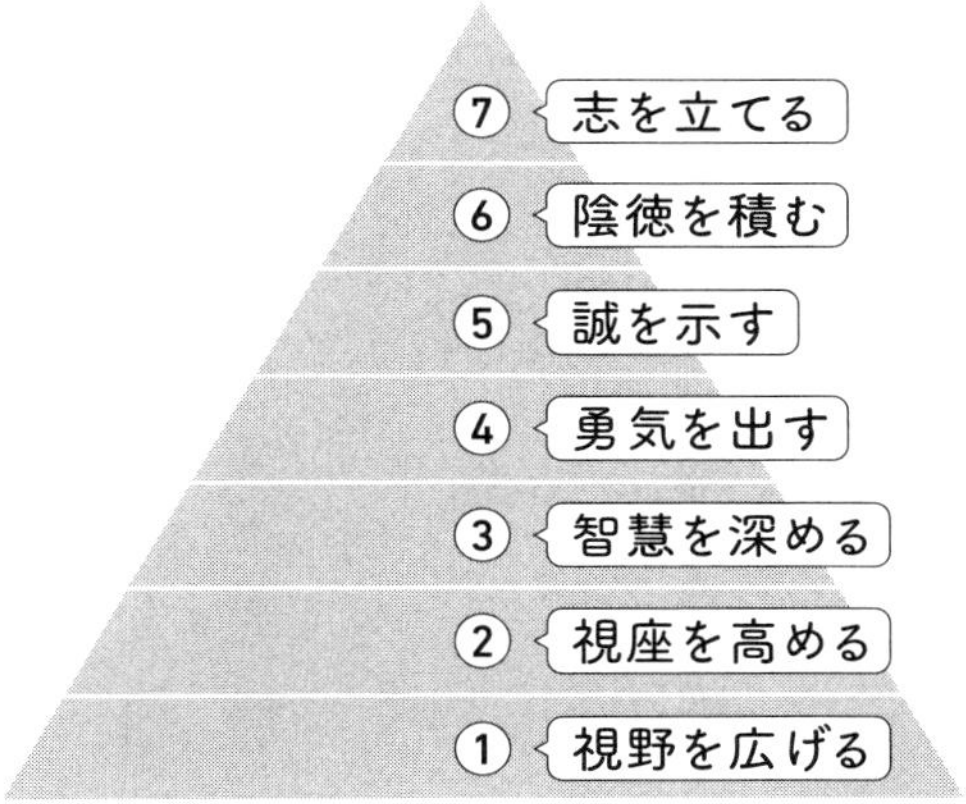

このステップに沿って、改めて『易経』の教えを振り返りましょう。
また、第二部を読んでから第一部を読み直せば、より『易経』の教えがしみ込むことを感じるでしょう。

STEP① 視野を広げる

まずは視野を広げ、自分を客観視できるようになりましょう。

そのためには、自分の常識を捨て、違う存在を受け容れる必要があります。少なくとも、肌の色や、信じる宗教・考え方などの違いで人を差別するようでは、人生の好転からは遠ざかります。

たとえば、「01乾為天《けんいてん》」(師を求める)、「04山水蒙《さんすいもう》」(新しい知識を学ぶ)、「56火山旅《かざんりょ》」(知らない場所を旅して、新しい出会いをする)などが、視野を広げる大切さを伝える卦です。

現在直面していることを見るだけでなく、世の中の多くを知り、「裏」や「先」も読めるようになることで、次の段階へと進むことができるのです。

『易経』の名言

「天地の道は、恒久にして已《や》まざるなり」

この世界を動かすのは混乱ではなく、秩序なのだ。

「易は窮《きわ》まれば変ず、変ずれば通ず、通ずれば久し」

この世界は、行きすぎれば変化が起き、変われるものが永らえる。

「仁者はこれを見て仁といい、知者はこれを見て知という」

大事なものは人によって違っても、皆に大事さは伝わるもの。

STEP② 視座を高める

次に、視座を高め、自分の立ち位置を自分で修正できるようになりましょう。そのためには、自分の都合を捨て、目先の損を受け容れる必要があります。「時間がない」と人の話を聴けないようでは、視座は高まりません。じっくり傾聴できるようになるだけでミスは減り、そのフォローのためにムダな時間を費やさずに済みます。そういった道理を知れば、人生は好転に向かうのです。

たとえば、「17沢雷随《たくらいずい》」（目上のアドバイスを聴き、それに従う）、「20風地観《ふうちかん》」（見えないものまでも観る力をもつ）、「38火沢睽《かたくけい》」（傾聴の姿勢を心がける）などが、視座を高める大切さを伝えています。

自分を含め全体を高みから俯瞰することで、全体にとって最適な状態を理解でき、次の段階へと進むことができるのです。

『易経』の名言

「時中《じちゅう》」、「一陰一陽、これを道という」

春に種まき、夏に水まきなど、時に合わせて事を為すことが吉。

「それ易は、聖人の深きを極めて幾《き》を研《みが》くゆえんなり」

先人の深い考えを学んで、高い視座からの判断力を身につけたい。

「大号《たいごう》を汗にす」

人を導く者の発言には、汗と同じで取り返しのつかない大事さがある。

STEP③ 智慧を深める

さらに歴史や書籍から学んで智慧を深め、真に重要なことは何か、解くべき重要な問題は何かについても、見極められるようになりましょう。

そのためには、固定観念を捨て、現状をありのまま受け容れる必要があります。状況をえり好みして好転を待つばかりでは、問題を長引かせるばかりか、ムダに時間を費やすばかりだからです。

たとえば、「06天水訟《てんすいしょう》」（争わない解決方法を考える）、「25天雷无妄《てんらいむぼう》」（作為よりも自然の力、人の力を信じる）、「33天山遯《てんざんとん》」（目先の欲に負けて人生を大損しない）などが智慧を深める大切さを伝えています。

歴史や書籍からも深い智慧を学ぶことで、悩みや迷いを考えに変えることができ、次の段階へと進むことができるのです。

『易経』の名言

「君子もって事を作《な》すにはじめを謀《はか》る」

すぐれた人は後に争いが起こらないよう、最初からよく考えて計画する。

「天下帰《き》を同じくして塗《みち》を殊《こと》にし、致《ち》を一《いつ》にして慮《りょ》を百にす」

結果は一つ。いたずらに思い煩《わずら》えば、遠回りになって迷ってしまう。

「幾を知るはそれ神《しん》か」

深い智慧をもてば、微妙な機微から未来の兆しを知ることができる。

STEP④ 勇気を出す

自分を裏切らない勇気をもちましょう。

そのためには、保身や恨みや甘えを捨て、運命を受け容れる必要があります。少なくとも、恐怖心に負けて自分を裏切るようでは、未来の自分自身を信じることができません。

たとえば、「10天沢履《てんたくり》」（結果はどうあれ、挑戦した人の勇気は賞賛される）、「21火雷噬嗑《からいぜいごう》」（罪には優柔不断を捨て、強く噛み砕こう）、「49沢火革《たくかかく》」（あなたの正当性、実行への大胆さと根気強さが求められる）などが勇気を出す大切さを伝えています。

自分で考えたことに挑戦し、実際に行動にうつすことではじめて、次の段階へと進むことができるのです。

『易経』の名言

「君子豹変《ひょうへん》す。小人《しょうじん》は面を革《あらた》む」

立派な人はふりだけでなく、肝心な時に鮮やかに変わることができる。

「虎視《こし》眈々《たんたん》」

虎が獲物を狙うように、じっと狙いを定める。

「虎の尾を履《ふ》む。愬愬《さくさく》たれば終《つい》には吉なり」

危地においても畏《おそ》れ敬《けい》する心があれば、かえって吉運を招き寄せるもの。

STEP⑤ 誠を示す

誠を示し、相手を裏切らぬ精神を育みましょう。

そのためには、損得勘定を捨て、正しさを受け容れる必要があります。それができないようでは、天と約束する資格もないからです。

たとえば、「08水地比《すいちひ》」（誠意は行動の速さにも見てとれる）、「19地沢臨《ちたくりん》」（大事な想いを正しい態度に乗せよう）、「61風沢中孚《ふうたくちゅうふ》」（真心こそが、相手に伝わる）などが誠を示す大切さを伝えています。

約束して守る、この繰り返しにより信頼関係ができます。加えて、相手の立場に立って考えられるようになれば、次の段階へと進むことができるのです。

『易経』の名言

「二人心を同じくすれば、その利《するど》きこと金を断つ」

「断金《だんきん》の交わり」というように、強い友情は金属すら断ち切れる。

「同心の言は、その臭《かお》り蘭《らん》のごとし」

「金蘭《きんらん》の契《ちぎ》り」というように、強く結びついた同志の言葉は実に芳《かぐわ》しい。

「義を精《くわ》しくし、神《しん》に入《い》るは、以《もっ》て用を致すなり」

正しい筋道を知り、それをしっかり通せば、世のため人のためになる。

STEP⑥ 陰徳を積む

陰徳を積み、世間を裏切らない大人《たいじん》になりましょう。

そのためには、功名心を捨て、養う側としての責任を受け容れる必要があります。いくら善意があっても、売名行為や、長続きしない行いなら、偽善に終わって協力者までをも傷つけることになるからです。

たとえば、「02坤為地《こんいち》」(他者を受け容れるからこそ多くを生み出せる)、「14火天大有《かてんたいゆう》」(太陽のようなあたたかさが相手を動かす)、「48水風井《すいふうせい》」(根気よく、陰日向なく努力すれば、人が集まる)などが、陰徳を積むことの大切さを伝えています。

人の嫌がる仕事を引き受け、それを喜んで続けられるようになれば、とうとう最後の段階へと進むことができるのです。

『易経』の名言

「積善の家にはかならず余慶《よけい》あり」

善行を積み続けた家には、いつかかならず家族に良いことが返ってくる。

「利は義の和なり」

利益とは、正しい行為の積み重ねによって得られるものである。

「至れるかな坤元《こんげん》。万物資《と》りて生《しょう》ず」

大地はすべてを受けとめて万物を生み育む。資生堂の社名は、これが語源。

STEP⑦ 志を立てる

最終的には志を立て、未来を裏切らないようにしましょう。

そのためには、現状への安住を捨て、自分の痛みだけでなく他者の痛みまでを受け容れる必要があります。

志は、あなたのブレない判断軸になります。志を基準にすれば、他者からの評価や目先の欲得に迷うことなく、未来志向で間違いのない自己評価で、ムダなくまっすぐに進んでいけるはずです。

たとえば、「13天火同人《てんかどうじん》」（正しいチームづくりは、志の共有から）、「30離為《りい》火《か》」（世に尽くす高い志が、自分の輝きになる）、「35火地晋《かちしん》」（志をもって進めば見えてくるものがある）などが志を立てる大切さを伝えています。

『易経』の名言

「龍徳ありて隠れたる者なり」

世間がどうなろうと、志ある「潜龍《せんりゅう》」はブレない。あなたのことです。

「天に応じて時に行う。ここをもって元《おお》いに亨《とお》るなり」

志が善い未来の実現に貢献するものであれば、その仕事はうまく進む。

「天を楽しみて命《めい》を知る。故に憂えず」

この世の秩序を知り、それを楽しめるようになれば憂いがなくなる。

志は輝きを放つため、尊敬を受けるとともに反対や批判にも遭《あ》うでしょう。

逆に、反対も批判も受けないようでは、それはまだ志とはいえません。

しかし、志を貫けば、世界が善いものになっていく実感とともに、あなたがそこに貢献している実感も得られます。あなただからこその唯一無二な、独自性も大きな輝きを放つことでしょう。


志を明らかにする。

そのための行動を優先する。

志が、目先の苦労を乗り越える力となり、さらなる行動を生み出す。

それこそが、人生における「好転」の本質です。

おまけ

6枚式コイン易占《えきせん》

以上、64卦×6爻＝384爻を頭に入れておけば、人生で起こり得るすべてのパターンを踏まえた最適解が見つかります。その境地を目指して、何度も読み直してみてください。

そうはいっても、量が多いので時間がかかるでしょう。

手軽に楽しみながら憶えられる方法として、古くから親しまれた易占もご紹介します。ただし、易占は「くじ引き」ではなく「仮説検証」です。当たったかどうかよりも、意外な卦や爻が出るワクワク感とともに、好き嫌いを超えた新たな視点の獲得を目的としてください。

原理は、科学・統計学におけるランダムサンプリングや、製造工程での抜き取り検査と同じです。好き嫌いではなく、偶然に選ぶことが大切です。

それを何度も繰り返せば、自然とすべてが頭に入りますし、未来の可能性を「見える化」

できます。様々な状況をあらかじめ想定し、準備を重ねることで、人生を好転させていきましょう。

❶十円硬貨を5枚と、百円硬貨を1枚用意する。

❷6枚すべてを手の中で目をつぶって振り、よく混ぜ合わせる。

❸問うテーマを具体的にイメージしながら、硬貨に精神を集中させる。

❹テーマが具体的になったら、左の図6のように6枚を順に下から上へと並べていく。

❺上3枚を上卦、下3枚を下卦とし、その6枚の裏表を見る。
「日本国」とある漢数字の面が表で陽（⚊）、大きくアラビア数字のある面が裏で陰（⚋）。

❻9ページにある「図2　易の六十四卦」から当てはまる卦を探します。
百円玉の位置があなたの爻（図6であれば右側の（変爻前）䷊地天泰《ちてんたい》の五爻）。出た卦について、第一部の該当ページの解説や問いに答えながら、テーマについて自問自答する。

❼さらにヒントが欲しい場合は、変化の先を読むべく、「変爻後の卦」を知る（図6ならば、百円玉の位置にある五爻の陰陽を変えた（変爻後）䷄水天需《すいてんじゅ》。地天泰から水天需へ変化していくイメージ）。

図6　6枚式コイン易占の例

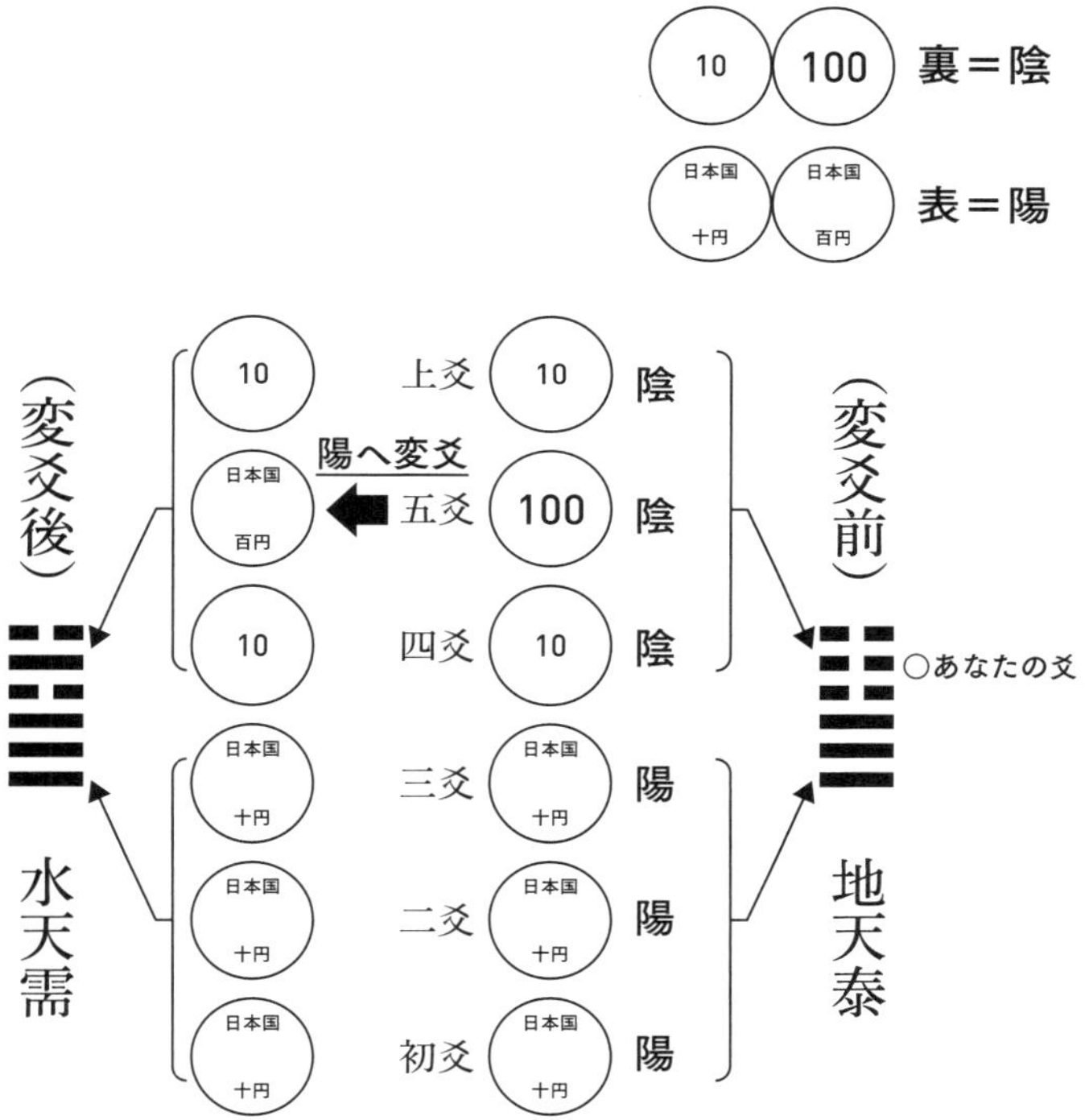

謝辞

易経研究家として二作目の栄《えい》に浴《よく》することは、多くの方々のご厚恩のおかげです。改めてこの場をお借りし、深く感謝申し上げます。

竹村亞希子先生の長年のご指導をはじめ、伊藤裕先生、本間正人先生、芳澤勝弘先生、松本佳津先生、南部雅春先生、江夏幾多郎先生、小堀聡先生、上村光典先生、関口倫紀先生、中村俊介先生、水谷研治先生、酒井英之先生、坂田隆文先生、伊東潤先生、早川隆先生、福島祥郎顧問、矢野和男代表、土井英司代表、栗山英樹監督のご講演ならびにご指導から多大なる学びをいただきました。改めて感謝を申し上げます。

著者として育てていただいたブックオリティ出版ゼミの高橋朋宏（タカトモ学長）さん、平城好誠さん、菊地大樹さん、小嶋享子さん、先輩・同期として一緒に走ってくださる皆さんのお力添えのおかげです。ありがとうございます。

世界最小12文字の文学『岐阜調狂俳』をご指導いただいている東海樗流《ちょりゅう》会の井藤恵月会長、林憲和さん、岩崎正人さん他多数の先生、同志の方々。

そして前作のヒットに大恩ある加藤貴之先輩、樋口哲典先輩、上井靖さん、西川千雅家元、加藤彰さん、秋山浩一さん、荒川廣珠さん、天野みのりさん、古田美景さん、山口浩作さん、天国の八尋賢一さん、そして社内・職場の皆さんには、大いに勇気づけていただきました。ありがとうございます。

何より編集をご担当いただいた川上聡編集長、神村優歩さんとのクリエイティブであたたかいキャッチボールのおかげで、「さらにわかりやすくためになる易経の解説本」ができました。ありがとうございます。

そして、親愛なる父母はじめ家族への感謝を。とくに、前作『人を導く最強の教え『易経』』の最強の広報部長である妻は、ご機嫌で本を紹介してくれているものの、手持ちの本のしおりは後半部分で止まっているのを見るにつけ、これまでの感謝とともに、この本こそは読了してくれることを期待しつつ……。

そして『易経』が、志ある方々の人生の好転に結実することを祈念します。

二〇二四年十二月、名古屋の窓外《そうがい》の美しい空の下より

小椋浩一　拝

参考書籍

・『人生に生かす易経』竹村亞希子／致知出版社
・『「経営に生かす」易経』竹村亞希子／致知出版社
・『「易経」一日一言　人生の大則を知る』竹村亞希子 編／致知出版社
・『超訳 易経 陰—坤為地ほか』竹村亞希子／新泉社
・『超訳 易経 陽—乾為天』竹村亞希子／新泉社
・『春の来ない冬はない　時の変化の法則の書「易経」のおしえ』竹村亞希子／実業之日本社
・『易経（上）（下）』高田眞治、後藤基巳 訳／岩波書店
・『易の世界』加地伸行 編／中央公論新社
・『易経講話　全五巻』公田連太郎／明徳出版社
・『易学大講座』加藤大岳／紀元書房
・『易』本田濟／朝日新聞出版
・『中国の思想（7）易経』『中国の思想』刊行委員会　松枝茂夫＋竹内好 監修／丸山松幸 訳／徳間書店
・『易占の神秘』熊﨑健翁 著／加藤大岳 校訂／紀元書房版
・『易経　ビギナーズ・クラシックス　中国の古典』三浦國雄／角川学芸出版
・『最高の人生教科書　易経「陽転易学」で道をひらく』小田全宏／ＰＨＰ研究所
・『人を導く最強の教え『易経』「人生の問題」が解決する64の法則』小椋浩一／日本実業出版社
・『論語　増補版』加地伸行／講談社
・『韓非子　悪とは何か』加地伸行／産経新聞出版
・『真説「陽明学」入門　黄金の国の人間学』林田明大／三五館

・『世界最高の人生哲学 老子』守屋洋／SBクリエイティブ
・『孫子の兵法　考え抜かれた「人生戦略の書」の読み方』守屋洋／三笠書房
・『史記』司馬遷／筑摩書房
・『貞観政要』呉兢 著／守屋洋 訳／筑摩書房
・『最高の戦略教科書　孫子』守屋淳／日本経済新聞出版社
・『男子一日に百戦す　韓非子』岡本隆三／プレジデント社
・『新釈古事記伝』阿部國治／致知出版社
・『忘れられた日本人』宮本常一／岩波書店
・『日本人の人生観』山本七平／講談社
・『「空気」の研究』山本七平／文藝春秋
・『修身教授録』森信三／致知出版社
・『京急沿線の近現代史』小堀聡／クロスカルチャー出版
・『日本のエネルギー革命　資源小国の近現代』小堀聡／名古屋大学出版会
・『日本の電子部品産業　国際競争優位を生み出したもの』中島裕喜／名古屋大学出版会
・『マネジメント　務め、責任、実践Ⅲ』ピーター・ドラッカー 著／有賀裕子 訳／日経BP社
・『マネジャーの仕事』ヘンリー・ミンツバーグ 著／奥村哲史、須貝栄 訳／白桃書房
・『戦略サファリ 第2版　戦略マネジメント・コンプリート・ガイドブック』ヘンリー・ミンツバーグ、ブルース・アルストランド、ジョセフ・ランペル 著／齋藤嘉則 監訳／東洋経済新報社
・『組織文化とリーダーシップ』エドガー・H・シャイン 著／梅津祐良、横山哲夫 訳／白桃書房
・『[新訳] 最前線のリーダーシップ　何が生死を分けるのか』ロナルド・A・ハイフェッツ、マーティ・リンスキー 著／野津智子 訳／英治出版
・『両利きの経営　「二兎を追う」戦略が未来を切り拓く』チャールズ・A・オライリー、マイケル・L・タッシュマン 著／入山章栄 監訳・解説／冨山和彦 解説／渡部典子 訳／東洋経済新報社
・『世界標準の経営理論』入山章栄／ダイヤモンド社

- 『予測不能の時代　データが明かす新たな生き方、企業、そして幸せ』矢野和男／草思社
- 『人事管理　人と企業、ともに活きるために』平野光俊、江夏幾多郎／有斐閣
- 『人事評価の「曖昧」と「納得」』江夏幾多郎／ＮＨＫ出版
- 『仕事で「一皮むける」　関経連「一皮むけた経験」に学ぶ』金井壽宏／光文社
- 『日本企業の人材形成　不確実性に対処するためのノウハウ』小池和男／中央公論新社
- 『日米英独の比較　ホワイトカラーの人材形成』小池和男、猪木武徳 編著／東洋経済新報社
- 『組織開発の探究　理論に学び、実践に活かす』中原淳、中村和彦／ダイヤモンド社
- 『知識創造の経営　日本企業のエピステモロジー』野中郁次郎／日本経済新聞出版
- 『ＤＸ時代のセミナー講師スキルアップ&データ分析・活用講座』加藤貴之／日本法令
- 『人事・総務担当者のためのハラスメント研修 設計・実践ハンドブック』加藤貴之／日本法令
- 『チェック&ガイドで気分転換！　ストレス解消ハンドブック』加藤貴之／ＰＨＰ研究所
- 『こうして社員は、やる気を失っていく　リーダーのための「人が自ら動く組織心理」』松岡保昌／日本実業出版社
- 『ファシリテーション入門』堀公俊／日本経済新聞出版社
- 『ファシリテーションとは何か　コミュニケーション幻想を超えて』井上義和、牧野智和 編著／中野民夫、中原淳、中村和彦、田村哲樹、小針誠、元濱奈穂子 著／ナカニシヤ出版
- 『プロセス・エデュケーション　学びを支援するファシリテーションの理論と実際』津村俊充／金子書房
- 『「60分」図解トレーニング　ロジカル・ファシリテーション』加藤彰／ＰＨＰ研究所
- 『問いのデザイン　創造的対話のファシリテーション』安斎勇樹、塩瀬隆之／学芸出版社
- 『マーケティングを学んだけれど、どう使えばいいかわからない人へ』西口一希／日本実業出版社
- 『生き方　人間として一番大切なこと』稲盛和夫／サンマーク出版
- 『絆徳経営のすゝめ　１００年続く一流企業は、なぜ絆と徳を大切にするのか？』清水康一朗／フローラル出版
- 『今すぐできる！今すぐ変わる！「ほめ育」マネジメント』原邦雄／ＰＨＰ研究所
- 『栗山ノート』、『栗山ノート２　世界一への軌跡』栗山英樹／光文社
- 『今をどう生きるか　あなたを変える〝和〟のちから』福島祥郎、椎名勲／日刊工業新聞社

・『幸福寿命　ホルモンと腸内細菌が導く100年人生』伊藤裕／朝日新聞出版
・『臓器の時間　進み方が寿命を決める』伊藤裕／祥伝社
・『運を超えた本当の強さ　自分を研ぎ澄ます56の法則』桜井章一／日本実業出版社
・『「自然体」がいちばん強い』桜井章一／日本実業出版社
・『おとなのギモン　心のギモンは賢く手放そう』清水康一朗／フローラル出版
・『10x　同じ時間で10倍の成果を出す仕組み』名郷根修／日本実業出版社
・『営業の神様　ヤマナシさんが教えてくれたこと』早崎郁之／SBクリエイティブ
・『世界で一番やさしい考え方の教科書』榊巻亮／日経BP
・『クリティカル・ビジネス・パラダイム　社会運動とビジネスの交わるところ』山口周／プレジデント社
・『新装版　幸せがずっと続く12の行動習慣　「人はどうしたら幸せになるか」を科学的に研究してわかったこと』ソニア・リュボミアスキー 著／渡辺誠 監修／金井真弓 訳／日本実業出版社
・『「機嫌がいい」というのは最強のビジネススキル』辻秀一／日本実業出版社
・『戦略の要諦』リチャード・P・ルメルト 著、村井章子 訳／日本経済新聞出版
・『多様性の科学　画一的で凋落する組織、複数の視点で問題を解決する組織』マシュー・サイド／ディスカヴァー・トゥエンティワン
・『スマホ時代の哲学　失われた孤独をめぐる冒険』谷川嘉浩／ディスカヴァー・トゥエンティワン
・『資本主義の次に来る世界』ジェイソン・ヒッケル 著／野中香方子 訳／東洋経済新報社
・『マーケティング教育学』坂田隆文／文眞堂
・『一〇〇年学習時代　はじめての「学習学」的生き方入門』本間正人／BOW&PARTNERS
・『両立思考　「二者択一」の思考を手放し、多様な価値を実現するパラドキシカルリーダーシップ』ウェンディ・スミス、マリアンヌ・ルイス 著／関口倫紀、落合文四郎、中村俊介 監訳／二木夢子 訳／日本能率協会マネジメントセンター

小椋浩一（おぐら　こういち）
易経研究家。某電機メーカー経営企画部主幹・人材開発ファシリテーター。副業として作家、研修講師や高校への社会人出前授業、NPO日本ファシリテーション協会会員などを通じ、次世代人材開発に取り組む。名古屋大学経済学研究科博士前期課程修了。
1965年名古屋生まれ。早稲田大学商学部卒業後、上記電機メーカーに入社。経営企画、人事を経てマレーシア工場財務部長に。新会社や工場の設立を進め、生産規模を大きく拡大。帰国後は事業部の「従業員満足度」を連続向上させ、会社を「働きがいのある会社ベスト20」に導く。しかしキャリアの絶頂期に新規事業で大損失を出し、居場所を失う。絶望のなか、『易経』研究の第一人者である竹村亞希子氏との出会いがあり、人生観が180度変わる。現在、本業では全社横串の次世代リーダー育成を任され、自主参加勉強会は年間2000人規模を超え、社外からも講演・セミナー依頼が急増中。なかでも高校生向け「社会人とは／高校生の今やるべきこととは」出前講演には教師の参加も増え、2023年には1000人、16年間通算では6000人を超え、1年先まで予約が入っている。
著書に『人を導く最強の教え『易経』「人生の問題」が解決する64の法則』（日本実業出版社）がある。

人生《じんせい》が好転《こうてん》する『易経《えききょう》』の言葉《ことば》

2024年12月20日　初版発行

著　者　小椋浩一
発行者　杉本淳一

発行所　株式会社日本実業出版社　東京都新宿区市谷本村町3−29 〒162-0845
編集部　☎03-3268-5651
営業部　☎03-3268-5161　振　替　00170-1-25349
https://www.njg.co.jp/

印　刷／堀内印刷　　製　本／若林製本

ISBN 978-4-534-06158-4　Printed in JAPAN